착한 소비자의 탄생

INSPIRE!: Why Customers Come Back by Champy, Jim.
Authorized translation from the English language edition, entitled
INSPIRE!: WHY CUSTOMERS COME BACK, 1st Edition, ISBN: 0131361880
by CHAMPY, JIM, published by Pearson Education, Inc, publishing as FT Press,
Copyright © 2009 by James A. Champy.

All rights reserved.
No part of this book may be reproduced or transmitted in
any form or by any means, electronic or mechanical,
including photocopying, recording or by any information storage
retrieval system, without permission from Pearson Education, Inc.

KOREAN language edition published by BOOK21 PUBLISHING GROUP,
Copyright © 2009.

KOREAN translation rights arranged with PEARSON EDUCATION, INC.,
publishing as FT Press through DANNYHONG AGENCY, SEOUL, KOREA.

이 책의 한국어판 저작권은 대니홍 에이전시를 통한 저작권자와의
독점 계약으로 (주)북이십일에 있습니다.
신저작권법에 의해 한국내에서 보호를 받는 저작물이므로
무단전재와 복제를 금합니다.

착한 소비자의
탄생

제임스 챔피 지음 **박슬라** 옮김

www.book21.com

:: 프롤로그

기업의 새로운 미래,
착한 소비자에 주목하라

이 책은 전략, 마케팅, 인력 관리, 영업이라는 비즈니스의 핵심 주제로 쓴 두 번째 책이다. 이 시리즈는 현대의 비즈니스라는 멋진 신세계에서 성공하는 방법에 대해 실용적인 충고를 내놓는다. 그 충고는 어려운 경제 상황에도 혁신과 성장이라는 두 마리 토끼를 잡는 새롭고 훌륭한 방법을 발견한 소수 기업들의 실제 경험과 통찰력을 바탕으로 하고 있다.

이 시리즈의 첫 번째 책, 《아웃스마트》에서 나는 비즈니스를 찰스 다윈의 진화론에 비유했다.

- 모든 종은 항상 이용할 수 있는 자원 이상 번식한다.
- 유리하게 변이變異한 종은 더욱 유리한 생존 기회를 확보하고

변이 형질을 후손들에게 물려준다.
- 환경에 적응한 종은 약한 종을 몰아내고 완전히 새로운 종을 만들어낸다.

이러한 원리를 비즈니스에 적용한다면 "기업은 이용할 수 있는 고객 풀 이상 성장하는 경향이 있다"고 말할 수 있다. 혁신적인 전략을 가진 기업은 생존할 가능성이 높고, 약한 경쟁업체들을 몰아내며, 완전히 새로운 비즈니스 모델을 만들어낸다고 말이다.

《아웃스마트》에서 나는 빠른 속도로 성장하는 성공적인 조직들의 전략을 설명하고 분석했다. 《착한 소비자의 탄생》은 《아웃스마트》가 끝난 지점에서 시작한다. 이 책은 '아웃스마트(재기 넘치는)'한 조직들이 어떻게 시장점유율을 늘렸는지 알려줄 것이다.

이 책 《착한 소비자의 탄생》에서 소개할 기업은 모두 엄격한 기준을 통과했다. 우리는 '지난 3년간 15퍼센트 이상의 성장률'을 기록한, '정직한 일'을 하고 있는, '분석할 만한 가치'를 지닌 회사를 찾아 조사를 시작했다. 그리고 이 책에서 만나게 될 회사들은 모두 이 기준을 만족시켰다.

이 프로젝트의 목적은 고속성장의 동력이나 뛰어난 전략, 고객을 유혹하는 탁월한 공식을 찾는 데 있지 않다. 그럼에도 불구하고 여러분은 이 책에서 성공한 기업이 공통적으로 가진 DNA

를 확인할 수 있을 것이다.

간단하게 소개하자면 다음과 같다.

- 회사 전체에 흘러넘치는, 꾸준한 성장과 탁월한 성과에 대한 야망
- 전통보다 직관을 중요하게 여기는 마음가짐
- 회사에 가장 어울리는 시장에 초점을 맞추는 집중력
- 고객의 욕구와 필요에 따른 결정
- 리스크를 필연적인 것으로 담담하게 받아들이는 태도
- 혁신을 모든 사람에게 꼭 필요한 과제라고 생각하는 사고방식
- 딱딱한 규칙에 의해 억지로 하는 것이 아니라 회사 문화에 의해 자연스럽게 우러나오는 행동
- 해야 할 일을 진지하게 받아들이되 재미있어 하는 업무 태도

무엇보다도 이 책에 등장하는 회사들의 가장 큰 특징은 스스로 내세운 신념에 오랫동안 충실하다는 것이다. 이런 회사들은 스스로에게 진실하다. 그들은 제품과 서비스, 행동에 자신들의 가치관을 반영한다. 이들은 그들이 말하는 그대로의 회사다. 즉, 진실성이 있다는 뜻이다.

현대의 소비 패턴은 과거 품질과 디자인에 의해 결정되었던 과거와는 다르다. 정직과 신뢰를 구매하는 '착한 소비자'가 탄생한

것이다. 그리고 이 책에서 소개하는 기업은 진정성을 통해 전혀 새로운 소비자의 탄생에 대응했고, 성공을 이뤘다. 그렇다고 그들이 제품 판매 증진을 위해 전략적으로 진정성을 이용한 것은 아니다. 이 책에서 나는 전혀 새로운 소비자의 탄생과 기업의 대응, 그리고 진정성으로 성공을 이룬 기업에 대해 묘사할 것이다.

진정성을 가진 기업은 단지 제품이나 서비스의 판매에만 목적을 두지 않는다. 그들은 고결한 소명의식을 가지고 있다. 그들이 고객에게 그러하듯, 이 책이 여러분을 격려하고 고객에게 영감을 불어넣을 수 있기를 기대한다.

:: 차례

프롤로그 기업의 새로운 미래, 착한 소비자에 주목하라 4

Chapter 0 새로운 소비자의 탄생 11

Chapter 1 제1법칙 **설득력 있는 명분을 제시하라** 33
환경운동의 메신저가 된 기업, 스토니필드

Chapter 2 제2법칙 **모든 것을 경쟁자보다 더 많이 제공하라** 53
편리함은 기본, 대담한 가격정책을 펼친 집카

Chapter 3 제3법칙 **신뢰받는 유통경로를 확보하라** 77
모든 거래 당사자를 만족시킨 멤버헬스

Chapter 4 제4법칙 **철저하게 단순화하라** 101
24시간 잠들지 않는 콜센터의 기적, 고대디

Chapter 5 　제5법칙 **법보다 더 엄격한 정직을 추구하라**　121
　　　　　　정직한 제품과 투명한 거래의 아이콘, 어니스트티

Chapter 6 　제6법칙 **스스로가 제품의 구매자가 되라**　145
　　　　　　경험에 공감을 더한 작은두손 프로덕션

Chapter 7 　제7법칙 **고객의 놀이터를 마련하라**　165
　　　　　　제품이 아닌 소통의 장을 판매한 빅그린에그

Chapter 8 　제8법칙 **근본을 기억하라**　185
　　　　　　스타일 그 이상을 창조한 퓨마

에필로그　고객에게 영감을 주는 기업의 비밀　204

Chapter 0

새로운 소비자의 탄생

크나큰 희망을 품고 대도시로 상경한
수백만 명의 사람들처럼, 덴버 출신의 벤 포프킨 역시
그레이하운드 버스를 타고 뉴욕에 도착한 후
닥치는 대로 일자리를 구했다. 첫 번째 직업은
자전거 배달부였다. 맨해튼의 끔찍한 교통 체증에서
살아남아 멋진 양복을 사 입을 수 있게 되자,
그는 더 나은 일자리로 옮겼다. 온라인 마케팅 회사의
잔심부름꾼이었다. 시간이 날 때면 벤은
바보 같은 광고 캠페인을 풍자하는 글을 썼다.

2006년에 벤 포프킨은 "쇼핑객들의 반격"이라는 슬로건을 내세우는 컨슈머리스트에 날카로운 비평을 올렸다. 그의 글은 고커 미디어의 경영자이자 컨슈머리스트의 소유주인 거물급 블로거 닉 덴튼에게 깊은 인상을 남겼고, 덴튼은 포프킨을 컨슈머리스트의 편집자로 고용했다.

포프킨의 지휘 아래 컨슈머리스트는 최강의 팀으로 거듭났다. 이 웹사이트는 매일 독자들이 보내 온 30여 가지의 새로운 불평불만을 소개한다. "이 회사는 노트북을 무료로 수리해주길 거부했다. 아직 보증 기간이 남았는데 말이다" "그 업체의 통보에 따르면 죽은 친형의 전화를 해지해줄 수 없단다" "이러이러한 제조업체에서는 제품의 양은 줄여놓고 가격은 그대로 유지하고 있다(포프킨은 식품업계에 광범위하게 나타나는 이런 약아빠진 방식

새로운 소비자의 탄생　13

을 SF 소설에 나오는 축소 광선에 빗대어 식품 축소 광선Grocery Shrink Ray이라고 비꼰다).

이런 불평과 함께 늑장부리는 콜센터와 기업들의 부실한 서비스에 대처하는 방법을 조언한 결과 한 달에 1500만 명 이상의 방문자들을 끌어들였다. 컨슈머리스트는 〈뉴욕타임스〉와 〈월스트리트저널〉, 〈비즈니스위크〉를 비롯한 주요 미디어에 자주 인용되고 있으며, 디그닷컴Digg.com과 같은 대규모 즐겨찾기 공유 사이트에서도 상위에 올라 있다. 또한 다른 블로그들과 복합적으로 링크되어 있어 인터넷의 바다에서 널리 정보와 콘텐츠를 유포한다. 요즘은 델과 스프린트를 비롯한 많은 기업이 정기적으로 컨슈머리스트를 모니터링하고 있으며, 그들의 제품과 영업 방식에 대한 내용을 발견하면 재빨리 댓글을 달고 있는 실정이다.

벤 포프킨이라는 인물과 그가 성장시킨 웹사이트의 성격을 고려할 때, 포프킨은 이 책이 쓰인 이유를 설명할 수 있는 대표적인 본보기다. 그와 컨슈머리스트는 시장의 거대한 지각 변동, 다시 말해 구매자와 판매자 간의 기본적인 관계 변화, 나아가 관계의 역전을 상징한다.

연령이나 소득 수준과는 관계없이 모든 소비자들은 기업을 의심스러운 눈으로 살펴보고 감시한다. 광고가 크고 비쌀수록 그만큼 광고를 못 미더워하며, 텔레비전에서 광고가 나올 때는 습관적으로 소리를 줄이거나 리모컨의 도움을 받아 눈길조차 주지 않고 건너뛴다. 수백만 명의 사람들이 "우리는 속지 않을 테다"라는 슬로건을 몸에 두른 배심원처럼 허술하고 변명만 많은 회사들을 끊임없이 평가하고 판단하는 것이다.

우리는 역사상 가장 정보가 풍부한 시대에 살고 있다. 인터넷은 그리스 신화 속 풍요의 뿔(제우스가 젖을 먹고 자란 염소 아말테이아의 뿔, 과일이 원하는 만큼 나왔다_옮긴이)처럼 지식과 정보를 끝없이 생산하고 있다. 이 풍요의 뿔에서 누구나 손쉽게 기업이나 제품에 대한 정보를 얻을 수 있다. 그리고 지금의 소비자들은 인터넷에서 특정 기업의 노동 관행과 탄소 배출량, 공정거래 정책과 사회 환원도를 검색한다. 컨슈머리스트 같은 사이트를 체크하거나 포털 사이트에서 다른 소비자들과 의견을 교환하며 상품에 관한 최신 정보를 입수할 수도 있다.

시장을 변화시킨 전혀 새로운 소비자의 탄생에 의구심을 품고 있다면 다음을 명심하라. 시장 조사 기관 얀켈로비치Yankelovich의 최근 연구에 따르면 미국 성인의 절반 이상이 제품이나 서비스에 관해 상점의 판매원들보다 자신이 더욱 잘 알고 있다고 믿는다. 또 다른 조사에서는 51퍼센트의 응답자가 가장 신뢰할 만한 제품 정보 출처로 '자신과 같은 개인'을 꼽았다.

얀켈로비치의 최근 연구에 따르면 미국 성인의 절반 이상이 제품이나 서비스에 관해 상점의 판매원들보다 자신이 더욱 잘 알고 있다고 믿는다.

이러한 사실은 당신의 비즈니스에 어떠한 영향을 미칠까? 어떤 면에서는 당신이 회사의 이미지와 메시지를 완전히 통제할 수 없음을 의미한다. 그것은 이제 소비자의 몫이다. 그러나 또 다른 측면에서 볼 때 당신의 행동을 전보다 더욱 빠르게 인식되고 평가되는 방식으로 변화시켜 이미지를 폭넓게 개선할 수 있다는 의미이기도 하다. 웹은 고객들에게 새로운 힘을 부여했지만, 나아가 기업에도 새로운 기회를 부여했다.

독자적으로 사고하는 오늘날의 지적인 소비자들은 도대체 어디서 탄생했는가? 사람들은 휴대전화나 컴퓨터를 이용하여 끊임없이 상호작용하며 일반적인 합의를 통해 여론을 형성한다. 그들은 팀플레이어가 되어 수많은 사람들에게 조언을 구하거나 제공하고, 블로그와 메신저 서비스를 통해 삶의 경험을 공유한다. 그들은 그들이 공유하고 있는 지식과 경험만을 믿는다. 이제 더 이상 광고 메시지를 믿지 않는 것이다.

새로운 회의론자들은 무엇을 살 것인지 찾아내는 자신만의 방법이 있고, 기업이 어떻게 처신할지 자기 나름대로 기대한다. 만약 기업이 그들의 견해를 비웃는다면 역효과만 생길 것이다. "고객은 항상 옳다"는 옛말을 부활시킬 시점이라고 생각한다면 올바른 길로 나아가고 있는 셈이다.

오늘날과 같은 환경에서 경쟁하기 위해서는(다른 대안이 없지 않은가?) 근본적으로 다른 전략이 필요하다. 그것은 전통적인 신념에 젖어 있는 비즈니스 스쿨에서 찾을 수도 없고, 경영 이론도 아무 도움이 되지 않을 것이다. 그러나 필요한 접근 방식은 이미 존재하며 현장에서 실험이 진행되고 있다. 똑똑하고 상상력이 풍부한 사람들이 새로운 현실에 대처하는 방법을 배우고 이에 적응해가는 진짜 시장에서 말이다.

나는 이제껏 그런 사람들과 회사를 이해하기 위해 노력해왔다. 이 책에서 그러한 이들을 수없이 만나게 될 것이며, 나아가 그들이 발견한 것들을 어떻게 적용할지에 대한 구체적이고 실질적인 충고를 찾을 수 있다. 또한 새로운 어휘도 알게 될 것이다. 마케터들이 고객과의 관계를 묘사하는 데 사용하던 대부분의 단어는 오늘날 이미 생명력을 잃거나 무의미해졌다. 그러므로 어떻게 해서든 고객의 충성심을 되찾아야 한다는 강력한 의지와 그 본질을 표현할 만한 능동형 동사가 필요하다. 내가 선택한 동사 'Inspire(영감을 주다)'는 정체되어 있는 것에 생명을 불어넣고 잠자고 있는 에너지에 불을 붙여 더 높이 솟아오르게 하는 행위를 가리킨다. 그런 의미에서, 기업들이 정직하고 투명한 제품과 서비스를 제공함으로써 오늘날 이 부분을 본능적으로 가장 민감하게 느끼는 고객들에게 영감을 줄 수 있길 바란다. 순간에 그치지 않고 평생 동안 지속될 열렬한 충성심을 발휘하도록 말이다.

단순한 캠페인이 아니다

전통적으로 회사들은 마케팅을 광고 캠페인의 관점에서 생각한다. 제품을 정의하고, 목표 고객을 세분화하고, 고객의 마음을 사로잡을 메시지를 작성하고, 광고 매체를 선택하고, 광고를 내보내는 식이다.

그러한 접근 방식은 오늘날의 고객들에게 영감을 주기에는 부족하다. 우리는 전통적인 과장 광고나 적당히 둘러대는 기교가 아니라 상호이익과 공통의 명분을 생각해야 한다. 고객은 구매해서 사용할 만한 가치가 있는 상품과 서비스를 진심으로 옹호하고 지지하는 사람으로 보이길 원한다. 따라서 기업은 그들에게 가치와 우수함을 약속해야 한다. 그 약속을 지키지 않으면 비즈니스는 오래 지속되지 못한다.

곧 알게 되겠지만, 고객들을 끌어들이려는 이 책의 모든 전략은 개혁의 기운을 띠고 있다. 이는 단순히 제품을 파는 수준을 넘어 영감을 불어넣어줄 것이다. 앞으로 새로운 영역에 뛰어든 회사를 보게 될 텐데, 이런 회사는 다음과 같은 특징을 가지고 있다. 그들은 자신이 하는 일의 가치를 열렬히 믿는 리더 덕분에 활력이 넘치며, 일부 제품과 서비스는 기존의 것들을 조금 개선한 것에 그치지 않고 근본적으로 새롭고 참신한 것을 창조한다. 이러한 회사는 냉정한 계산은 거부하고 신천지를 개척한다.

이 같은 노력은 하룻밤 사이에 이루어지는 게 아니다. 명확한 분석과 착실한 준비는 물론 기백과 의욕이 필요하다. 그러니 이 책을 읽기 전에 다음의 네 가지 질문을 해보자.

- 당신의 제품이나 서비스가 정말로 새로우며, 이미 시장에 존재하는 것을 조금 바꾼 것이 아니라고 확신하는가? 조금 저렴할 뿐인 "미투me too" 제품은 시장에서 오래 버티지 못한다. 그러므로 진실로 참신하고 근본적으로 더 나은 것을 제시해야 한다.

- 당신의 접근 방식은 고객의 가치관에 부합하는가? 직접 만져볼 수 있는 제품을 제공하는 것도 중요하지만 고객에게 영감을 불러 일으키는 것이 더 중요하다. 그렇기 위해서는 고객의 폭넓은 지지를 얻어야 한다. 이처럼 회사에 대한 고객의 믿음이 광범위하게 공유될 때, 그 회사는 충분한 수의 고객을 얻을 수 있다. 고객을 열광하게 만드는 전략은 그 바탕에 그와 같은 믿음에 대한 동의가 있어야 한다.

- 업계의 통념에 도전할 준비가 되어 있는가? 이 책에 등장하는 모든 회사는 어떤 식으로든 업계의 규칙을 넘어섰다. 이들의 용기와 대담함은 기대한 만큼의 성과를 가져왔으나 언제나 그만큼의 위험을 감수해야 했다.

- **게임에서 살아남을 만큼 끈기와 참을성을 갖추고 있는가?** 고작 몇 달 혹은 몇 주 만에 고객을 열광시키는 비즈니스를 일으킬 수는 없다. 이는 분명히 수년이 걸리는 작업이다. 이 책에 등장하는 일부 회사들은 상당히 빨리 성공을 거두었으나 비즈니스 모델을 갈고닦아 지속적인 고객의 충성심을 얻었다고 확신하기까지는 여러 해가 걸렸다.

이 질문에 모두 '그렇다'라고 대답했다면 이 책은 당신을 위한 것이다. 앞으로 전혀 새로운 고객들에게 영감을 불러일으켜 성공의 기회를 잡은 회사들을 소개할 것이다. 우리는 실제 사례를 통해 온갖 종류와 크기의 조직에 적용할 수 있는 교훈을 이끌어내려 한다. 당신이 얻을 수 있는 교훈들은 다음과 같다.

- **회사나 제품을 설득력 있는 명분과 연결해 제시하면 고객들에게 영감을 불어넣을 수 있다.** 이 과정은 신중하게 진행해야 하지만 기회 자체는 많다. 무슨 일이 있어도 신념 없이 행동하지 마라. 조금이라도 위선(僞善)의 기미를 보이면 명분에 찬성하는 이들과 비판하는 이들 모두 당신을 비웃고 사업을 무너뜨리는 데 힘을 모을 수도 있다. 챕터1에서는 세계 최대의 유기농 요구르트 제조업체 스토니필드Stonyfield의 설립자이자 최고경영자인 게리 히쉬버그가 제품을 환경운동의 메신저로 활용하여 어떻게 그러한 함정을 피

해갔는지 설명한다.

- **사람들은 시간이 촉박할 때 극심한 스트레스를 느낀다. 그러므로 편리한 제품에 낮은 가격을 결합시켜라.** 이러한 승리의 공식이 고객들에게 영감을 줄 수 있다. 챕터2는 고객들의 편의를 추구하는 개혁 운동에 관한 내용이다. 집카Zipcar는 보스턴에 기반을 둔 자동차 공동 이용 회사로, 샌프란시스코에서 토론토에 이르기까지 자가용이 없는 도시 거주자들을 주 고객으로 삼고 있다. 집카는 특정한 지역을 타깃으로 삼고 걸어서 7분 이내의 거리에 자동차를 주차해놓아 차량이 부족해서 고객들이 서비스를 이용하지 못하는 일이 발생하지 않도록 각별히 신경 쓴다. 회사는 자동차 보험과 차량 관리 및 유지, 연료 등의 편의를 제공하며, 폭스바겐에서 BMW에 이르기까지 GPS와 위성 라디오를 장착한 다양한 모델의 차량을 갖춰놓고 있다. 집카는 서비스의 편리함을 강조하는 홍보 활동을 펼치고, 고객들을 계속해서 깜짝 놀래키며, 기쁨을 선사하고, 영감을 불어넣어준다.

- **고객 중심의 회사라도 유통 파트너의 나쁜 습관은 모른 척하는 경우가 많다.** 한 예로 3대 자동차 제조사들은 약삭빠른 딜러들이 잠재 고객들을 속여도 내버려둔다. 챕터3에서는 회사와 파트너들이 어떻게 창조적인 관계를 형성해 고객들을 사로잡고 관련된

사람들의 이익을 증대시킬 수 있을지 설명한다.

성공은 당신과 파트너들이 모든 사람의 이익을 위해 비즈니스 모델을 기꺼이 이해하고 공유하는지 여부에 달려 있다. 오하이오에 기반을 둔 멤버헬스MemberHealth는 모두에게 이익이 되도록 만든다는 모토 아래 노인들이 의약품을 할인받을 수 있도록 도우면서 미국에서 가장 빠른 속도로 성장하는 회사가 되었다. 그들은 메디케어Medicare 파트D 처방약 보험업체(파트D는 노인 의료보험인 메디케어가 2006년에 노령자들의 처방약 구입에 도움을 주기 위해 실행한 제도다_옮긴이)가 되어 3년 만에 매출을 기존의 2만 배인 124억 달러(약 14조 6500억 원)까지 폭증시켰다. 이는 설립자 찰스 홀버그Charles Hallberg가 경쟁업체들은 무시하던 조직들(소규모 지역 공동체에 서비스를 제공하는 6만 3000여 개의 동네 약국)과 제휴하여 거둔 성과다.

- 첨단 기술은 오락과 복지에 많이 기여하지만 어느 정도 불만은 생기게 마련이다. 많은 사람이 새로운 기계의 사용법을 배우는 데 어려움을 겪고, 때로는 기술적인 문제에도 직면한다. 도움을 받는 것 또한 매우 어려울 수 있다. 고객들은 설명서와 씨름하느라 시간을 낭비하기도 하고 고객 서비스 안내원이 전화받길 기다리느라 더 많은 시간을 낭비하기도 한다. 이런 고객들과 가장 단순하고 직접적인 방식으로 관계를 맺는 회사들은 경쟁업체에

비해 유리한 위치를 차지하게 된다.

챕터 4에 등장하는 고대디GoDaddy의 전문 분야는 온라인 세계의 복잡한 일을 단순하게 해주는 것이다. 이 회사는 저가의 도메인과 소프트웨어를 판매하여 웹사이트 제작을 손쉽게 해주며, 콜센터에 등록된 고객들은 전화번호 하나에만 전화를 걸어도 즉시 도움을 받을 수 있고, 그 외의 서비스에 대해서도 추가 요금을 낼 필요가 없다. 첫 번째 응답자가 고객의 문제를 처리하지 못하면(매우 드문 일이긴 하지만) 더 높은 수준의 기술진이 대기하고 있다. 회사는 철저히 단순화를 추구하여 모든 신제품에 영구적인 전문 팀을 배치한다. 따라서 모든 사원이 누가 무엇에 전문가인지 잘 알고 있기에, 고객들은 한 제품에서 다른 제품으로 옮겨갈 때 다른 회사에서 서비스를 받을 때처럼 속을 태우거나 발을 구르며 기다릴 필요가 없다.

- 날이면 날마다 또 다른 회사가 몰락했다는 암울한 뉴스나 스캔들이 터진다. 오늘날 비즈니스 분야에 대한 대중의 신뢰는 역사상 가장 바닥을 기록하고 있다. 그러나 바로 그 점이 다른 이들은 알아보지 못하는 비즈니스 기회가 될 수 있다. 소비자들은 제품과 행동을 믿을 만한 기업을 찾고 있다. 소비자의 신뢰를 얻고 싶다면 정직한 제품과 투명한 거래의 모범처럼 보여야 한다(그리고 실제로도 그러해야 한다). 사회 환원에서 인사 정책에 이르기

까지 모든 것을 고객에게 개방하라. 정직성을 내세워 끌어들인 고객들은 특히나 까다로운 경향이 있다. 그러므로 그들의 바람과 기호의 변화를 이해하고 이에 따라야 한다. 그로부터 당신이 무엇을 해야 할지 실마리를 찾아라.

메릴랜드 주 베데스다에 본사를 둔 비범한 회사 어니스트티 Honest Tea를 모델로 삼는 것은 어떨까? 어니스트티는 미국에서 가장 큰 유기농 차 공급업체다. 챕터5에서 보면 어니스트티는 예일대학교 경영대학원 교수와 한 제자의 기발한 착상에서 시작되었다. 그들은 당시 시장에 유통되는 천연 감미 음료를 분석한 결과, 물을 제외한 모든 제품에 10숟가락 이상의 설탕이 함유되어 있다는 사실을 발견했다. 그것은 곧 당뇨와 비만, 치아 문제를 불러들이는 초대장이나 다름없었다.

이 두 창립자들은 더 품질 좋은 차와 훨씬 적은 설탕으로 음료를 만들었고, 모든 제품 용기에 그들의 서명을 넣어 정직성을 보증했다. 그들은 손해를 입더라도 꿋꿋이 그 약속을 지켰다. 한 번은 '제로Zero(칼로리가 0임을 의미하는)'라는 이름의 신상품에 붙일 상표가 막 인쇄에 들어갔을 때, 그 음료수가 실제로 한 병당 3.5칼로리를 함유하고 있다는 사실을 알게 되었다. 정부 규정은 5칼로리 이하의 식품은 라벨이나 광고에 0칼로리로 표기할 수 있도록 허용하고 있었지만 어니스트티의 설립자들은 인쇄를 멈추고 음료수의 이름을 바꾸는 쪽을 택했다. 장기적으로 볼 때 정직이야말로 금전적인 면에서든 정서적인 면에서든 가장 가치 있는 정책이라는 사실을 깨달았던 것이다.

- **전망은 좋지만 목표 고객들의 욕구에 부합하지 못하기 때문에 성과를 올리지 못하는 신제품에 관한 이야기를 자주 듣는다.** 이러한 재앙을 피할 수 있는 한 가지 방법은 자신의 욕구와 필요에 정확히 부합하는 상품이나 서비스를 만드는 것이다. 그러므로 스스로를 고객으로 삼아라.

유타 주 미드베일에 본사를 둔 작은두손 프로덕션Two Little hands Productions의 감동적인 이야기는 사람들을 열광하게 만드는 방식을 알려준다. 챕터6에서는 이 회사에 관해 다룰 것이다.

레이첼 콜먼Rachel Coleman과 애런Aaron 부부는 그들의 한 살배기 딸 리아Leah가 귀가 안 들린다는 사실을 발견하고 딸에게 미국식 수화를 가르치기 시작했다. 얼마 지나지 않아 리아의 어휘와 독서 능력은 정상적인 청력을 지닌 또래 아이들보다 앞서게 되었다. 레이첼의 여동생인 에밀리 브라운Emilie Brown과 그녀의 남편 데릭Derek은 리아와 대화할 수 있도록 아들 알렉스Alex에게 수화를 가르치기로 결심했다. 알렉스가 9개월이 되었을 때, 아이는 에밀리의 예상보다 1년이나 빨리 수화로 이야기하기 시작했다. 앞으로도 설명하겠지만, 콜먼 부부의 앞날에는 더욱 크고 어려운 도전 과제가 기다리고 있었다. 그러나 고된 역경을 이겨낸 자매는 다른 사람들과 공유할 수 있는 통찰력을 키웠으며, 그 과정에서 이익을 낼 수 있다는 사실을 깨달았다. 수화를 사용하면 보통 아이들이 말을 할 수 있는 나이보다 일찍 의사소통을 할 수 있었다. 자매는 부모들에게 그 방법을 가르치는 비디오를 제작하고 시판에 들어갔다. 몇 년 후 작은두손 프로덕션은 300만 달러(약 35억 4600만 원) 이상의 수입을 올렸다. 그것은 모두 레이첼과 에밀리 자매가 자신들의 경험을 활용해 고객들에게 공감이라는 영감을 줄 수 있었기 때문이었다.

- 최고의 판매 사원은 제품이나 서비스에 만족한 나머지 끊임없이 세상 사람들에게 알리고 칭찬하는 고객이다. 그러나 알다시피 제품이나 서비스를 선전해줄 만한 자발적인 마케터를 끌어들이는 것은 결코 쉬운 일이 아니다.

당신의 물건을 팔아주는 고객들에게 영감을 주기 위해서는 많은 인내심과 끈기가 필요하다. 이는 챕터7에서 만나볼 에드 피셔Ed Fisher가 갖춘 자질이다. 에드가 고대 일본의 요리 방식에서 힌트를 얻어 스스로 만족할 만한 뛰어난 품질의 빅그린에그Big Green Egg 세라믹 바비큐 그릴을 개발하기까지는 여러 해가 걸렸다. 그리고 그 상품에 관한 소문을 널리 퍼뜨릴 만큼 충성스러운 고객을 모으는 데는 그보다 더 긴 시간이 들었다. 고객들은 콜센터와 우편을 통해 애정 어린 보살핌을 받는다. 나아가 빅그린에그닷컴은 자신들을 이른바 '에그헤드egghead(실제로는 '똑똑한 사람' '인텔리'를 뜻한다_옮긴이)'라고 부르는 수백 명의 사람들이 매일 요리법과 팁을 주고받는 포럼을 운영한다.

- 좌절하거나 추락한 야심가가 부활하려면 자신이 물려받은 것들 중 무엇을 보존하고 버려야 할지 아는 것이 매우 중요하다. 변화를 모색하지 않고 현상 유지에만 매달린다면 고객은 따분해할 것이다. 특히 한발은 스포츠에, 한발은 패션에 딛고 있는 회사의 경우에는 그럴 확률이 몇 배로 높다.

독일의 스포츠 신발 제조업체 퓨마를 살려낸 요헨 자이츠Jochen Zeitz가 경영권을 물려받은 뒤 가장 먼저 한 일은 손실과 부채로 찌든 부실 기업에 대한 고전적인 선별 작업이었다. 그는 생산 거점을 아시아로 옮겨 인력과 제조 비용을 줄였고, 회사의 기반이 다시 튼튼해지자 고객과 퓨마간의 장기적인 유대 관계를 쌓는 전략을 세우는 데 착수했다. 챕터8에서는 퓨마가 본격적인 스포츠 신발 제조업체로서 명성(우사인 볼트Usain Bolt는 금색의 퓨마를 신고 올림픽 경기에서 기록을 갱신하면서 돌풍을 불러일으켰다)을 얻고 이를 더욱 멋지게 발전시킨 한편, 젊은 디자이너들의 최신 스타일에 심취한 추종자들을 새로이 끌어들이기까지의 과정을 살펴본다.

퓨마는 자이츠가 새로 만들어낸 용어 "스포츠 라이프스타일"에 집중하면서 스니커즈 전쟁에서 피 한 방울 흘리지 않고 선두업체인 나이키와 아디다스의 뒤를 이어 세계에서 세 번째로 유명한 스포츠용품 회사가 될 수 있었다. 그들은 육상용 신발이라는 울타리를 넘어 자동차경주용 의류와 신발, 요트복과 상류층 고객에게 어필하는 매력적인 스포츠 의류 등으로 활동 무대를 넓혀 큰 성과를 거두었다. 자이츠는 따라가는 것이 아니라 이끄는 것이 전략이라고 말한다. 나아가 퓨마는 기능과 패션을 결합시켜 순이익률을 52퍼센트 이상 향상시켰다. 정말 대단한 영감이 아닌가?

진정성은 영감의 어머니

많은 회사가 그럴듯한 가치를 내세우는데, 대개는 알기 쉬운 슬로건의 형태로 만든다. 그러나 슬로건은 표면적이고 계속 변하기 때문에 진실성은 고사하고 영감을 줄 것 같지 않은 경우가 많다. 그렇지만 사람들을 열광하게 만드는 회사는 다르다. 그러한 회사들은 신념을 충실하게 지킨다는 점에서 아주 특별하다. 그들은 스스로에게 진실하다. 그들은 제품과 서비스, 행동에 언제나 그들의 가치관을 반영한다. 그들의 본질은 그들이 말하는 그대로다. 그들에게는 진정성이 있다.

진정성은 고객 기반을 확고히 다지는 핵심 열쇠다. 고객을 속여 어쩌다 거래를 따낼 수 있을지는 모르지만, 약속한 품질을 제공하기 위해 노력하지 않으면 더 이상의 비즈니스는 이루어지지 않는다. 진정성은 결국 이익이 되어 돌아온다.

진정성은 고객 기반을 확고히 다지는 핵심 열쇠다. 고객을 속여 어쩌다 거래를 따낼 수 있을지는 모르지만, 약속한 품질을 제공하기 위해 노력하지 않으면 더 이상의 비즈니스는 이루어지지 않는다. 진정성은 결국 이익이 되어 돌아온다.

불행하게도 '진정성'이라는 말은 현대 경영인들에게는 별 의미가 없다. 그 용어를 사용하긴 하지만 그렇게 행동하는 데 무엇이 필요한지는 전혀 이해하지 못한다.

진정성은 제품이나 서비스 이상의 것이며, 회사의 모든 행동과 관계에 적용된다. 비즈니스에서 진정성은 정직의 가장 숭고한 형태이므로, 이를 갖추지 못한다면 성격이나 직업을 바꾸는 편이 낫다.

기업은 가치관 유지와 이윤의 극대화 중 하나만 선택해야 할 때 시험대에 오르게 된다. 진실이 드러나는 순간인 것이다.

비즈니스 역사에는 진정성 있는 행동들의 실례가 풍부하게 기록되어 있다. 1982년에 존슨앤존슨은 일반 대중의 건강을 보호하고 회사가 믿는 가치를 지키기 위해 어마어마한 금전적 손실

(도덕적인 면에서는 소득이지만)을 감수하고 당시 시판되던 타이레놀을 모두 회수했다. 오염 가능성 때문이었다. 최근에는 SC 존슨이 환경 친화적 제품 및 제조 과정을 지키는 데 보기 드물게 헌신적인 태도를 보여주고 있다.

진정성을 강조하는 회사들은 그 기준에 맞춰 행동하기 위해 스스로에게 도전한다. 오늘날 공공연하게 내세우는 가치관에서 벗어나면, 그들의 평판은 인터넷에 상주하는 수많은 도덕 경찰들에게 쫓기는 신세가 될 것이다.

진정성을 지닌 회사가 당면한 또 다른 과제는 회사가 성장하는 과정에서 모든 행동을 진실되게 유지해야 한다는 것이다. 이러한 도전 과제는 기업의 활동 영역이 전 세계로 확장되고 각지에 흩어진 수백 명의 직원들이 수천 가지의 결정을 내려야 하는 (진정성을 증명하든 그렇지 않든) 요즘에 더욱 중요해졌다. 이런 현상에 대해 내릴 수 있는 유일한 처방은 회사의 신념과 가치와 관행을 명확하게 정의하는 것이다. 또한 이를 변형하거나 예외를 두지 않아야 한다. 문화가 다른 국가에서는 기업 행동의 다양성 역시 허용해야 한다는 주장도 있지만, 기업이 가치에 충실하길 원한다면 그 주장은 설득력이 없다. 현지의 문화는 지역마다 제품이 어떻게 달라져야 하는지, 그리고 각 지역마다 어떤 방법으로 시장에 집근해야 하는지 파악하는 데는 도움이 되겠지만, 진정성을 깎아내리는 비도덕적인 행동을 용납하는 구실이

되어서는 안 된다.

문화가 다른 국가에서는 기업 행동의 다양성 역시 허용해야 한다는 주장도 있지만, 기업이 가치에 충실하길 원한다면 그 주장은 설득력이 없다.

진정성은 《아웃스마트》와 이 책에서 설명하는 모든 자질과 특성 가운데 가장 선택하기 쉬운 특질이다. 솔직하고 정직할 용기만 있다면 말이다. 이는 회사가 무엇을 대변하는지를 명확히 파악하고 신념과 행동을 일치시키는 것에서부터 시작된다. 진정성은 비즈니스를 더욱 쉽게 만든다. 당신이 중요하게 여기는 가치를 확립할 때, 어려운 질문에 대한 답은 분명해진다. 고객은 당신을 신뢰하고, 그 덕분에 당신은 고객을 유지하게 될 것이다.

또한 진정성은 회사의 목적의식을 구체적으로 보여준다. 문자 그대로 회사가 무엇을 열망하는지 밝히는 것이다. 이 책에 소개된 회사들이 이룩한 성과 중 많은 부분이 진정성을 기반으로 하고 있으며, 당신도 똑같이 할 수 있다. 그 시작점은 앞에 놓여 있는 기회를 붙잡고, 당신에게 열광하는 이들에게 영감을 불어넣으려는 당신의 의지다.

Chapter 1

제1법칙
설득력 있는 명분을 제시하라

환경운동의 메신저가 된 기업, 스토니필드

게리 허쉬버그는 환경 보호 생태학자이자
이상주의자로서 지구를 보호하는 데 헌신하던 중
깨달음을 얻었다. 그로 인해 진로를 바꾼 그는
환경 친화적인 기업 운동에 앞장서게 되었다.
그리고 고객들을 이 개혁 운동에 끌어들이는 방법을
배웠을 때 그는 불패의 성공 공식을 깨달았다.

허쉬버그는 계시의 순간을 맞이하기 훨씬 전부터 이미 자신의 소명을 깨닫고 있었다. 뉴햄프셔에서 살던 소년 시절, 그는 가족이 운영하는 신발 공장에서 나오는 폐수가 선쿡 강으로 흘러들면서 녹색에서 노란색으로, 그리고 빨간색으로 현란하게 빛나며 반짝이는 모습에 넋을 잃곤 했다. 이후 그는 그 화려한 색깔들이 실은 오염의 산물이며 지구를 위험에 빠트린다는 사실을 알게 되었다. 환경학 학위를 따고 열렬한 환경 보호주의자가 된 그는 전 세계를 돌아다니며 풍차를 건설하고 그 방법을 다른 이들에게 가르치기 시작했다.

1970년대 후반에 허쉬버그는 매사추세츠 우즈홀에 있는 생태학 연구소인 신연금술 연구소New Alchemy Institute의 소장으로 근무했다. 그곳의 태양열 및 풍력 발전 온실은 10명이 1년 동안 하루

3끼를 먹을 만큼 음식을 생산했고, 화학 연료와 살충제, 제초제와 화학 비료 없이도 충분히 식량을 생산할 수 있다는 사실을 증명했다. 또한 그곳의 거대한 물고기 탱크는 낮 동안 햇볕을 흡수했고, 그 물은 밤에 집을 덥히는 데 충분한 열을 제공했다. 탱크마다 매년 45킬로그램에 달하는 물고기들을 키웠는데, 배설물은 식물의 비료가 되고 그렇게 자란 식물은 다시 물고기들의 먹이가 되었다. 온실은 한겨울에도 바나나와 무화과, 파파야 같은 열대 과일을 재배할 만큼 따뜻했다. 신연금술 연구소는 성실하고 독창적이었으며 성공적이었다. 해마다 그곳을 동경하는 방문자들이 2만 5000명씩 몰려들었다.

그러나 1982년 허쉬버그가 플로리다 주 올랜도에 있는 디즈니 에프코트 센터Disney's EPCOT Center의 랜드 파빌리온을 방문했을 때 그의 아늑한 세계는 산산조각 나고 말았다. 식품회사 크래프트가 만들어놓은 미래 농장은 환경주의자들에게는 악몽이었다. 수경법으로 재배되는 식물은 플라스틱 튜브에 매달려 있었고, 벌거벗은 뿌리는 끊임없이 흐르는 석유 화학 비료와 제초제, 살충제에 흠뻑 젖어 있었다. 흙이라고는 눈을 씻고 찾아봐도 없었다. 지속 가능한 재배법과는 거리가 먼 농작 방식은 수억 년 전 화석 연료의 형태로 저장된 탄소 기반의 화학물질을 얻기 위해 지구를 약탈하고 서기서 배출된 단소를 다시 공기 중으로 뿜어내는 악순환에 의존한다. 허쉬버그의 눈에 그 시설은 재래식 조명과 냉방 장치로 지구에 치명적인 상처를 주는 데 더하여 화석 연료라는 상해까지 입히고 있는 것처럼 보였다. 크래프트가 지속 가능하지 않은 환상을 신연금술 연구소의 메시지에 감화 받은 이들보다 훨씬 많은 사람에게 속여 팔았다는 생각이 들자 그는 다시 한 번 몸서리치지 않을 수 없었다.

허쉬버그는 자신들의 열세를 절감하고 무력감을 느꼈다. 대기업의 거대한 금고를 뒤에 업은 크래프트의 원활한 마케팅과 홍보를 생각하면, 그와 환경지킴이 동료들은 이미 개종한 이단자들에게 단조로운 설교만 늘어놓을 뿐 이 냉담한 세계에 아무런 변화도 일으키지 못하는 미약하고 순진무구한 소수자에 불과했다. 이토록 승률이 희박한데 어떻게 지구를 구할 수 있겠는가?

바로 그때, 영감이 스쳐갔다. 그는 큰 소리로 외쳤다. "내가 크래프트가 되어야겠어!"

그로부터 수년 뒤에도 허쉬버그는 "크래프트가 미쳤으며 오직 지속 가능한 실천만이 지구를 구할 수 있다고 확신"하고 있었다. 그러나 그는 자신과 같은 생각을 지닌 사람들의 주장이 열심히 노력하고 있는 환경 보호주의자들뿐만 아니라 대중에게도 널리 퍼지려면 돈벌이가 되는 강력한 비즈니스가 필요하다는 사실을 깨달았다. 그렇지만 환경을 지키기 위한 노력을 어떻게 효과적인 방법으로 진화시켜 고객들을 끌어들일 것인지에 대해서는 아직 알지 못했다.

허쉬버그는 신연금술 연구소를 그만두고 고향인 뉴햄프셔에서 경영 수업을 들은 다음, 돈키호테와 같은 정신으로 사업에 뛰어든 신생 요구르트 제조업체의 파트너가 되었다. 그는 곧 자신의 생각이 옳다는 사실을 입증할 수 있었다. 오늘날 스토니필드는 세계 최대의 유기농 요구르트 제조업체로, 지난 18년간 매년 27퍼센트 이상 꾸준히 성장했으며 상당한 이익을 내고 있다. 스스로를 CE-Yo라고 부르는 허쉬버그는 아직까지도 스토니필드를 운영하고 있다.

작은 회사들이 그렇듯, 스토니필드는 운영 첫해부터 한 가지 위기에서 가까스로 빠져나오면 또 다른 위기를 맞이하는 등 회사의 생사를 판가름할 만한 상황을 끊임없이 겪었다. 그중에서 가장 중대한 문제는 고객을 어떻게 끌어들일 것인가 하는 것이었다.

허쉬버그와 파트너인 새무얼 케이먼Samuel Kaymen은 최고의 마케터는 제품인 요구르트라고 처음부터 확신했다. 요구르트를 좋아하는 사람은 그들의 요구르트를 한 번만 맛보면 특별한 제품이라는 사실을 알아볼 터였다. 문제는 어떻게 사람들이 먹어보게 할 것인가였다. 두 사람에게는 전통적인 광고나 마케팅을 할 만한 자본이 없었다. 유기농 식품 가게를 설득해 스토니필드 요구르트를 취급하도록 할 수도 있을 테시만 당시에는 그러한 가게의 숫자가 얼마 되지 않았고, 건강에 유별나게 신경 쓰는 작은

유기농에 관하여

유기농이란 무엇인가?

유기농이란 농산품(식품 및 섬유)이 재배되고 가공되는 특정한 방식을 일컫는다. 그것은 병충해에 저항하는 건강한 식물을 재배하기 위해 건강한 토양에 의존하는 생태학적 시스템이다. 유기농법은 자연과 조화를 이루는 '환경 친화적' 행위를 실천하고, 유독하고 자연 분해되지 않는 화학 물질의 사용을 금지한다. 가축의 경우에는 항생제를 금지하고 그 대신 동물들을 건강하고 생산성 있게 유지하기 위한 예방 조치를 선택한다. 나아가 유기농 생산은 유전자조작유기물GMO의 사용을 금지한다.

유기농 재배 농부들은
자연과 조화를 이루며 일한다.

유기농법의 예는 다음과 같다.

- 윤작: 밭에 재배되는 곡물의 유형을 바꿔 토양의 고갈을 예방한다. 또한 윤작은 단일 곡물 재배로 유지되는 해충의 번식 터전을 제거하여 해충을 관리할 수 있다.
- 클로버와 같은 피복작물은 토지에 자양분을 더하고 잡초를 예방하며 토양의 유기물을 증가시킨다. 유기물이 풍부한 토양은 침식에 대한 저항력이 높고 물을 더 많이 보존하기 때문에 관개에 많이 의존하지 않는다. 연구에 따르면 유기농 곡물은 가뭄과 스트레스가 심한 기간에도 비유기농 곡물보다 훨씬 잘 자란다고 한다.
- 해충을 먹이로 하는 유익한 곤충들을 쓰면 오랫동안 토양에 잔존해 우리가 사용하는 수자원 안에 녹아들 수 있는 화학 살충제를 쓰지 않을 수 있다.
- 퇴비화된 배설물과 음식 쓰레기는 토양의 수분과 자양분을 유지하는 데 도움이 된다. 떨어지는 나뭇잎이 숲의 토양에 양분을 돌려주듯, 퇴비는 토지에 부족한 양분을 채워준다.
- 충분한 영양분과 스트레스 최소화를 통한 질병 예방 및 동물 관리는 성공적인 유기농 축산업의 핵심이다.

유기농법은 다음을 의미한다.

- 우리의 토양과 물을 오염시키거나 농장 일꾼에게 해가 되는 살충제는 사용하지 않는다!
- 우리의 강, 해양, 식수에 스며들거나 오염시키는 화학 비료는 사용하지 않는다!
- 우리 모두에게 더욱 유익하고 지속 가능한 환경을 유지하자!

스토니필드는 유기농법을 진지하게 생각한다. 토양에서 고객에 이르기까지 유기농법은 제품의 라벨에 붙는 장식품이 아니다. 스토니필드 웹사이트(www.stonyfield.com)에 게재된 '유기농적인 삶을 사는 데 필요한 구체적인 조건'에서 볼 수 있듯이, 유기농은 그들이 실천하고 가르치는 신념이다.

시장에나 가능한 일이었다. 운 좋게도 허쉬버그에게는 스톱앤숍 Stop&Shop 슈퍼마켓 체인에서 중역으로 일하는 친구가 있었다. 덕분에 그는 스톱앤숍 매장 다섯 군데에 스토니필드 요구르트를 선전할 공간을 마련하여 12주 동안 고객들에게 샘플을 나눠주는 시험 판촉 기회를 얻을 수 있었다.

그러나 이렇게 작은 기회마저도 허쉬버그와 케이먼에게는 그리 쉬운 일이 아니었다. 당시 스토니필드의 직원이라고 해봐야 그들과 가족들뿐이었기 때문이다. 그들은 하루 두 번씩 19마리의 젖소 젖을 짜고, 요구르트를 만들고, 불안해하는 은행들의 비위를 맞추고, 온갖 서류들을 처리했다. 또한 이웃 사람이나 케이먼의 아내 루이즈에게 젖 짜는 일을 도와달라고 할 수 없을 때는 교대로 다섯 매장 중 한 곳에서 샘플을 나눠주며 고객들에게 큰 소리로 상품을 선전해야 했다. 처음에 제품은 플레인 요구르트뿐이었다. 그래서 그들은 현지에서 생산되는 메이플 시럽을 약간 넣어 맛을 돋우었다. 판매 시설이라고 해봤자 접는 테이블과 직접 만든 간판, 요구르트, 메이플 시럽, 종이 냅킨, 플라스틱 스푼, 앞치마가 전부였다.

이 요구르트 제조업자들은 지나가는 사람이라면 누구에게나 샘플을 나눠주었다. 쇼핑객, 가게 점원, 유제품 매니저, 심지어 선반 재고를 점검하는 납품업체 직원까지도 말이다. 나중에 허쉬버그는 당시 그와 케이먼이 "물건을 사주면 무료로 세차를 해주겠다고 말하는 꼬마 보이스카우트와 같은 순수함"을 지니고 있었다고 농담 삼아 말하기도 했다. 어쨌든 그 방법은 효과가 있었다. 지구를 살리는 동시에 지속 가능한 비즈니스에 관한 그들의 열정은 빼어난 품질에 힘입어 뉴잉글랜드의 수백여 스톱앤숍 체인점에서 요구르트를 취급하도록 설득하기에 충분한 수의 고객들을 끌어들였다.

무엇보다 가장 중요한 것은 허쉬버그의 표현을 빌자면 "고객과의 악수"를 창조해내는 데 성공했다는 점이다. 여기서 악수란 신체적인 접촉이 아니다. 그것은 암묵적인 계약이었다. 스토니필드 요구르트는 맛도 뛰어나지만 푸른 지구를 살린다는 대의명분에 이바지한다는 일종의 보증이었다. 그들의 요구르트는 순수하고 유기농이었으며 천연산이었다. 우유는 보존제를 사용하지 않았고, 화학 약품과 살충제, 기타 약품에 노출되지 않은 젖소에게서 짠 것이었다. 만족한 고객들은 곧 스토니필드에 대한 소문을 퍼트렸고, 브랜드는 인기를 끌기 시작했다.

스토니필드 요구르트는 맛도 뛰어나지만 푸른 지구를 살린다는 대의명분에 이바지한다는 일종의 보증이었다.

시카고는 스토니필드가 가장 크게 성공한 곳 중 하나다. 대형 슈퍼마켓 체인점들은 허쉬버그에게 3개월 내에 스토니필드의 시장 점유율을 4배로 성장시켜 3퍼센트에 이른다면, 유제품 코너에 공간을 내주겠다고 제안했다. 그러나 그러려면 1000만 달러(약 118억 원)의 광고비가 든다는 이야기를 듣게 되었다. 스토니필드는 돈이 없었다. 대신 스토니필드는 대중교통을 이용하는 승객들에게 8만 5000개의 요구르트와 "여러분의 통근에 축복이 함께하기를! 지구 살리기 운동을 돕는 당신께 감사드립니다"라고 적힌 쿠폰을 나눠주었다. 함께 배부된 팸플릿에는 자동차 대신 열차로 통근하는 사람들이 매년 대기 속에 1인당 20킬로그램의 오염물질이 분출되는 것을 막아준다고 쓰여 있었다. 캠페인을 시작한 지 사흘 만에 신문과 텔레비전 등에 잇따라 보도되면서 스토니필드의 시장 점유율은 2.5퍼센트까지 상승했다. 들어간 비용은 10만 달러(약 1억 2000만 원)도 되지 않았다.

휴스턴 시장에 진출할 때에도 허쉬버그는 이 전략을 약간 바꿔 사용하기로 했다. 그러나 휴스턴에는 대중교통 수단이 거의 없었기 때문에 이번에는 운전자들과 접촉해야 했다. 허쉬버그는 많은 사람들이 지구를 오염시키고 있다는 사실에 조금씩은 죄의식을 느끼고 있다고 가정했다. 그리고 자신들이 끼친 영향을 어느 정도 완화시킬 방법이 있다는 사실을 알게 되면 반가워할 것이라고 생각했다. 그래서 스토니필드는 휴스턴의 운전자들에게 타이어의 공기를 적절한 수준으로 유지하면 가솔린을 절약할 수 있다는 사실을 알려주어 개혁 운동에 참여시켰다. 스토니필드는 교통량이 많은 교차로에서 "우리는 통통한 게 좋습니다!"라고 쓰인 텍사스 주만 한 크기의 팻말을 흔들었다. 그들은 호기심 많은 운전자들에게 손을 흔들고 공짜로 타이어 공기를 채워주면서 모든 사람이 자동차 타이어에 적절한 양의 공기를 주입한다면 미국의 연료 효율이 휘발유 1리터당 1킬로미터나 증가할 것이며, 그렇게 절약한 석유는 알래스카 국립야생동물공원의 석유 생산량과 맞먹는다고 말해주었다. 그리고 운전자들에게 공짜 요구르트와 스토니필드 로고가 찍힌 타이어 공기압 게이지를 나누어주었다. 스토니필드의 영리한 판촉은 다시금 매체의 눈길을 끌었고, 시장 점유율은 급속히 상승했다.

　허쉬버그는 샘플을 나눠주는 것이 행인을 고객으로 전환시키는 강력한 방법이라고 지적한다. 고객과의 악수로 이어지는 통로(정서적인 연결)를 열어 진정한 고객 밀착을 이루어내기 때문이다. 허쉬버그는 고객들이 스토니필드가 "고객들과 가족, 농부와 지구의 건강과 복지를 위해 올바른 일을 하고 있다는 사실"을 알고 있으며, 이 일을 위해 기꺼이 요구르트 한 컵당 몇 푼씩 더 지불한다고 말했다. 또한 그러한 사실을 잘 알게 되면 요구르트를 살 때마다 옳은 일을 하고 있다는 자부심을 느낀다.

　스토니필드가 고객들에게 환경 친화적 운동을 홍보하는 방식은 독창적이고도 분명하다. 스토니필드는 요구르트 용기의 뚜껑(매년 1억 개 이상 생산되는)에 환경 보호와 관련된 메시지를 써 넣는다. 메시지는 매달 바뀌는데, 고객들의 궁금증을 불러일으키거나 환경 운동에 참여하도록 권한다. 때로는 환경을 위해 신중하게 선택할 것을 직접적으로 권유하기도 한다. "어떤 자동차를 몰 것인지 선택하는 것은 무척 중요합니다. 큰 삶을 영위하되, 작은 차를 모십시오."

허쉬버그와 케이먼은 초기 단계에서부터 포장 용기를 통해 고객들에게 메시지를 보냈다. 어떤 용기에는 케이먼의 시골교육센터를 홍보했는데, 이곳에서는 요구르트 생산에 앞서 지속 가능한 농작 방식을 가르치고 유기농법 농부들을 모집했다. 포장 용기 뒤쪽에는 회사가 어떻게 "생명에 대한 경외"를 실현하는지 적혀 있었다. 그들은 농장의 암소가 "애정 어린 보살핌"을 받았으며, 화약 약품과 살충제를 사용하지 않은 깨끗한 사료로 키워졌다고 설명했다. 또 스토니필드는 용기 뚜껑을 정치적인 압력을 행사하는 데 활용하기도 한다. 몇 년 전 회사는 뚜껑에 다음과 같은 환경 메시지를 인쇄했고, 고객들에게 서명한 다음 해당 지역구의 의원들에게 보내달라고 요청했다. "나는 효율적인 정부의 가치를 믿습니다. 그러나 내 아이들의 미래를 희생시키지는 않을 것입니다. 당신이 지구를 해치는 데 투표한다면 나는 당신에게 표를 던지지 않을 것입니다." 당시 하원의 민주당 리더였던 리처드 게파트Richard Gephardt에 의하면 1만 5000개의 용기 뚜껑이 배달되었다고 한다.

스토니필드닷컴은 환경 뉴스와 메시지를 게시해 고객들의 참여를 강화하고, 대의를 이루기 위한 회사의 노력과 기부 내역에 관해 최신 소식을 업데이트한다. 회사의 '젖소 키우기' 특별 프로그램은 아이들이 스토니필드에 재료를 공급하는 농장들(자체적으로 키우는 젖소만으로는 생산량이 모자라서 유기농 농부들과 우유 공급 계약을 맺었다)과 함께 젖소를 소유하고 있다는 기분이 들게 해주었다. 새로운 젖소 '소유주'는 젖소의 사진과 내력을 다운로드하고, 분기별로 암소의 건강 상태와 활동에 관해 소식을 받을 수 있으며, 암소가 사는 농장에서 일어나는 새로운 사건도 알 수 있다.

허쉬버그는 스토니필드 마케팅의 핵심은 "고객들이 우리 회사와 제품에 대해 기분 좋게 느끼도록 하는 것이다"라고 말한다. 스토니필드는 소비자들이 관심 있어하는 운동을 지원하고, 지구 환경을 개선하고 유지하는 데 도움이 되는 교육 프로그램에 투자한다. 허쉬버그는 "고객들은 스토니필드가 실제로 고객의 삶을 향상시킨다고는 생각하지 않더라도 뿌듯하게 느낄 것이며, 그것은 그들과 우리 그리고 요구르트를 하나로 묶어준다"고 설명한다.

이러한 마케팅은 두말할 필요도 없이 효과적이었고, 스토니필드의 반직관적인 전술들은 고객들의 참여를 부추겼다. 일례로 스토니필드닷컴에서 회사의 활동에 관해 광범위하게 정보를 접한 고객들은 스토니필드 공장의 오수가 현지의 하수 시설에 지나치게 부담을 주자 허쉬버그가 오수 예비 처리 공장을 짓기로 했다는 사실을 알게 되었다. 그는 일반적인 기준에서는 어긋나긴 하지만 더욱 효율적인 혐기성 시스템을 선택했다. 이 시스템은 전통적인 공장보다 짓는 데 비용이 15퍼센트나 더 들지만, 고체 잔존물의 양을 90퍼센트나 줄일 수 있고 필요한 에너지량도 40퍼센트나 적으며 처리 과정에서 메탄올을 생산한다. 일단 시스템을 가동하고 나면 공장은 첫 10년 동안 360만 달러(약 42억 5000만 원)를 절약하게 될 것이다. 또한 스토니필드는 조명 설비를 개선하고, 양질의 단열 시스템을 설치하며, 세밀한 통제 장치가 달린 천연가스 보일러로 난방 시설을 최신화하는 등 공장의 효율성을 향상시켜 10년에 걸쳐 4600만 킬로와트시(kw/h)를 절약했다. 이는 1년 동안 4500가구가 사용하는 전력과 맞먹는 양이다. 이렇게 해서 스토니필드가 절약한 비용은 모두 170만 달러(약 20억 원)에 이른다.

 환경 친화적 투자는 금전적인 면에서 어리석게 보이더라도 나중에는 유익한 일로 판명될 수 있다. 2004년에 허쉬버그는 수십만 달러를 들여 뉴햄프셔 공장 지붕에 태양광 발전판을 설치했다. 당시에는 유가가 훨씬 쌌기 때문에 투자비를 회수하려면 20년 이상이 걸릴 터였다. 그런데 그는 고집을 굽히지 않고 밀고 나갔다. 환경에 대한 회사의 소명을 강조하고 싶었기 때문이었다. 유가가 하늘 높이 치솟은 오늘날, 태양광 발전판의 투자비 회수 기간이 크게 앞당겨진 것은 물론이다. 쓰레기를 줄이겠다는 허쉬버그의 변함없는 의지 역시 기대한 만큼의 훌륭한 성과를 가져왔다. 플라스틱 뚜껑을 포일로 바꾸었더니 에너지와 물, 자재가 상당히 절약되어 이익이 100만 달러(약 12억 원)나 늘어났다. "쓰레기는 비효율을 드러내는 뒤집을 수 없는 증거"라고 허쉬버그는 말한다. "효율성을 증가시키면 돈이 절약되는 것은 자명한 사실이다."

허쉬버그는 고객들을 개혁 운동에 참여시킴으로써 인상적인 성공을 거두었다. 스토니필드는 수많은 기업이 모방하고 싶어 하는 지속 가능한 비즈니스 모델이다. 허쉬버그의 성취는 두 가지 사실로 요약할 수 있다. 스토니필드는 시설 에너지 사용 면에서 CO_2 방출을 100퍼센트 상쇄하는 미국 최초의 회사다. 둘째로 스토니필드는 해당 분야에서 크래프트와 비슷한 위치를 차지하게 되었을 뿐만 아니라 미국 내 요구르트 판매는 그를 훨씬 뛰어넘어 크래프트의 브레이어스Breyers 브랜드를 훨씬 앞지르고 있다. 이는 고객 밀착의 강력한 힘을 보여주는 증거다.

고 객 밀 착 의 법 칙

고객들이 진정한 믿음의 신봉자가 되도록 만들어라. 대의명분을 가지고 고객을 끌어들일 때는 당신의 사명에 공감하고 이를 지지하면서 느끼는 정서적인 유대감을 위해 기꺼이 웃돈을 지불할 사람을 찾는 것이 핵심이다. 허쉬버그는 건강식에 관심을 가진 사람들로부터 시작해서 더 많은 소비자에게 요구르트를 맛보게 하여 그런 이들을 찾아냈다. 그리고 요구르트를 먹은 사람들은 제품의 장점을 친구들에게 이야기했다.

   고객과의 밀착이 깊어지면서 스토니필드는 회사의 이미지를 더욱 광범위한 환경 보호 운동을 추구하는 투사로 포지셔닝함으로써 고객들과 정서적인 연대를 돈독히 했다. 시카고와 휴스턴에서 이루어진 허쉬버그의 독특한 마케팅은 통근자들이 오염을 최소화하는 데 일조하고 있다고 추켜세워 그들을 기분 좋게 만들었다. 그리고 그러한 자기만족을 스토니필드 요구르트의 훌륭한 맛과 연결시켰다.

대의명분을 가지고 고객을 끌어들일 때는 당신의 사명에 공감하고 이

를 지지하면서 느끼는 정서적인 유대감을 위해 기꺼이 웃돈을 지불할 사람을 찾는 것이 핵심이다.

규칙을 깨뜨리는 것을 주저하지 마라. 대의명분에 기초하여 고객과의 관계를 다졌다면 상황이 매우 불리해 보일 때조차 수익을 낼 가능성이 크다. 그러한 상황에서 성공하기 위해서는 당신의 사명이 상식이나 통념에 어긋나더라도 이를 실천하기 위해 최선을 다해야 한다.

허쉬버그는 수많은 비즈니스 규칙을 깨트리고 일반적인 통념에 어긋나는 일을 했다. 그는 공급업체에 지나치게 많은 돈을 지불했고, 전통적인 유료 광고 매체를 사용하지도 않았으며, 수익을 자선단체에 기부하고, 더 많은 비용이 드는 비전통적인 쓰레기 처리 시스템에 투자하며, 제품 가격을 경쟁업체보다 훨씬 높게 매겼다. 놀랍게도 이런 혁신적인 움직임은 전통적인 비즈니스 세계에서 예상한 것과는 달리 해가 되기는커녕 오히려 도움이 되었다. 그는 실패를 각오하면서도 그가 주장하는 명분이 모험할 만한 가치가 있다고 생각했다. 당신의 사명을 이처럼 중요하게 여기지 않는다면 비즈니스의 핵심으로 삼지 마라.

이용할 수 있는 모든 수단을 통해 당신의 이야기를 들려주어라. 당신의 명분에 고객을 끌어들이는 핵심 열쇠는 꾸준한 교육이다.

그러므로 메시지를 몇 번이고 반복하여 강화시켜라. 스토니필드는 요구르트 뚜껑을 통해 기발한 방식으로 회사의 메시지를 전달하고, 충성스러운 고객들에게 조언하며, 정치적인 힘까지 발휘한다. 스토니필드의 웹사이트는 아이들에게 환경 보호 활동을 체험하게 하고 회사의 비즈니스와 이를 지탱하는 젖소에 대해 가르치면서 고객들에게 메시지를 강화하며 그들의 대의에 새로운 세대를 끌어들이는 모범적인 모델이다.

개혁 운동을 상품의 경험과 결합시켜라. 개혁 운동은 가치 있는 도구지만 그것만으로는 부족하다. 당신의 대의에 고객들을 끌어들이고 싶다면 고객들이 당신의 제품을 경험하고 좋아해야 한다. 길거리에서 샘플을 나눠주는 구식 방법의 효과를 우습게 보지 마라. 나는 보스턴에 사는데, 코플리 광장을 지나갈 때면 언제나 무료 샘플을 받곤 한다. 그리고 다른 소비자들과 마찬가지로 내가 받은 것을 한번쯤 사용해본다. 전통적인 광고를 할 만한 자본이 부족했던 허쉬버그와 케이먼은 현명하게도 장차 고객이 될 사람들의 손(그리고 입)에 직접 요구르트를 건넸다. 그들은 요구르트 애호가들이라면 즉시 차별화된 맛을 알아볼 것이라 확신했고, 결론적으로 그 생각은 옳았다. 제품에 대한 애착은 활동에 대한 참여보다 먼저 이뤄져야 한다.

개혁 운동은 가치 있는 도구지만 그것만으로는 부족하다. 당신의 대의에 고객들을 끌어들이고 싶다면 고객들이 당신의 제품을 경험하고 좋아해야 한다.

고객들의 마음과 가슴에 당신의 주장과 명분을 심어줄 다양한 방법을 찾아라. 매출량을 빠른 시일 내에 일정 수준 이상으로 끌어올려야 한다면 전통적인 광고가 해결책이 아닐 수도 있다. 허쉬버그는 시카고 통근자들의 감성과 깨끗하고 건강한 환경을 지지하는 제품 메시지를 영리하게 결부시켜 매출을 급격히 끌어올렸다. 당신의 고객 밀착 전략이 개혁 운동을 일으키는 것이라면 고객에게 제품을 제공하고 메시지를 전달하는 방식이 창의적이어야 한다.

대의는 광범위한 호소력을 지녀야 한다. 비즈니스 규모를 키우고 싶다면 당신이 내세우는 명분에 의문의 여지가 없어야 하며 끌어들이려는 집단이 이를 폭넓게 받아들여야 한다. 비즈니스를 구축하는 동안 정치적이거나 사회적인 싸움에 휘말리고 싶지는 않을 것이기 때문이다. 인간이 환경에 해를 입히고 있다는 주장에 이의를 제기하는 사람들도 있지만, 일반적으로 대부분의 사람들은 지금보다 환경을 존중해야 한다는 사실을 인정한다. 허쉬버그의 제품이 그가 벌이는 개혁 운동과 나란히 성장하는 것은 결코 우연이 아니다. 요구르트는 젖소의 소화기관을 통해 지구에서 생성되기 때문이다.

비즈니스 규모를 키우고 싶다면 당신이 내세우는 명분에 의문의 여지가 없어야 하며 끌어들이려는 집단이 이를 폭넓게 받아들여야 한다. 비즈니스를 구축하는 동안 정치적이거나 사회적인 싸움에 휘말리고 싶지는 않을 것이기 때문이다.

대의에 진실하라. 고객들을 개혁 운동에 끌어들일 때 발생할 수 있는 위험은 당신이 우연히 (또는 고의로) 추구하는 대의명분에서 벗어날 수 있다는 사실이다. 개혁 운동에 참여하는 고객들은 매우 예리하고 신중하며, 금세 냉소적으로 변할 수 있다. 당신이 바른 길에서 벗어나면 당신의 진정성에 의문을 품고 질문 세례를 퍼부을 것이다. 스토니필드는 개혁 운동의 승리를 보여주는 매우 인상적인 본보기다. 허쉬버그가 가장 중요한 믿음을 실천하는 데 집중했기 때문이다. 스토니필드가 벌이는 모든 행동은 그들이 얼마나 환경 보호에 헌신적인지를 보여주는 증거기도 하다.

Chapter 2

제2법칙
모든 것을 경쟁자보다 더 많이 제공하라

편리함은 기본, 대담한 가격정책을 펼친 집카

네트워킹, 즉 인맥 구성은 첨단 신생 기업을 위해
재능 있는 중역을 스카우트하는 일을 전문으로 하는
보스턴 서치 그룹에는 필수적인 능력이다.
그러나 최근까지만 해도 그룹의 공동 설립자이자
전무이사인 클라크 워터풀은 보스턴 밖에서
고객과 만나 점심식사를 할 때마다 약속 장소에
도착하기까지 끔찍한 교통체증을 겪어야 했다.

클라크 워터폴은 매사추세츠 주 홉킨튼 근처에서 보스턴 시내까지 열차로 통근한다. 그러나 15킬로미터 떨어진 월섬에서 점심 약속이 있는 날이면 자동차를 몰고 출근한다. "나는 사무실까지 가는 내내 교통체증에 시달리며, 주차하고는 하루치 주차장 요금을 낸다. 그런 다음 월섬에 갔다가 사무실로 돌아온 후 다시 하루치 주차장 요금을 내고, 러시아워에 집으로 힘겹게 차를 몰고 가야 한다. 정말 미칠 노릇이다." 회사는 직원들이 시내에서 사용할 자동차를 따로 구입하려 했지만, 주차 비용과 배터리 방전이라는 문제 때문에 비효율적이었다.

이 골칫거리를 덜어준 구원자가 편리하고 경제적인 집카였다. 집카는 전 세계적으로 가장 선도적인 자동차 공동 이용 업체다. 덕분에 요즈음 워터폴이나 동료들은 자동차가 필요할 때면 집카

닷컴www.zipcar.com에 방문해 보스턴 일대에서 대기 중인 수백 대의 자동차 중 한 대를 예약하기만 하면 된다. 워터폴은 24시간 내내 언제라도 차가 필요할 때면 마음대로 사용할 수 있으며, 미니 쿠퍼에서 BMW에 이르기까지 25개 자동차 모델 가운데 마음에 드는 것을 고를 수 있다. 그가 예약한 내용은 데이터 네트워크를 통해 그가 선택한 자동차의 내부 컴퓨터에 전송된다.

워터폴은 사무실에서 두 블록만 걸어가면 자동차를 이용할 수 있었다. 집카가 지정한 장소에는 그가 예약한 차가 주차되어 있다. 개인 집카드를 자동차 앞 유리에 대면 컴퓨터는 예약자가 도착했음을 감지한다. 문이 열리면, 워터폴은 운전대에 걸려 있는 자동차 키를 발견한다. 도둑이 자동차 문을 따고 훔치려 해도 이 열쇠는 아무런 쓸모가 없다. 컴퓨터가 운전자를 승인하지 않는 한 시동이 걸리지 않기 때문이다.

약속 장소에 다녀온 워터폴은 정해진 장소에 자동차를 주차한 다음 사무실로 돌아온다. 주차와 차량 관리, 자동차 보험에 관해 걱정할 필요가 전혀 없다. 매달 날아오는 청구서에 그가 사용한 휘발유 요금이 따로 청구되지도 않는다. 연료비는 회비에 이미 포함되어 있기 때문이다. 연료를 채워야 할 필요가 있을 때는 조수석 앞 서랍에 들어 있는 신용카드를 사용한다. 집카를 사용하는 것은 "ATM에서 현금을 꺼내는 것만큼이나 쉽다"고 사랑할 만하다.

집카는 자사의 자동차 한 대가 15대의 개인 자가용을 대체한다고 주장한다. 그러나 집카가 고객들에게 제공하는 가치는 절약 그 이상의 진가가 있다. 집카의 서비스는 사용하기 쉽고 편리하며 고객들의 지성에 호소한다. 회사는 여러 가지 추가 혜택을 제공하여 고객들이 계속해서 웹사이트를 통해 자동차를 예약하게 만든다.

집카 공동체의 매력은 온갖 형태와 크기, 색깔의 자동차를 갖추고 있다는 점입니다. 집카의 이용을 망설이는 분들을 위해 여러 가지 상황의 시나리오를 소개합니다.

주로 대중교통을 이용하지만 가끔 자동차가 필요합니다.
- 대중교통(택시를 포함해)이라고 해서 필요할 때 항상 이용할 수 있는 것은 아닙니다. 모든 예약은 추가 부담 없이 290킬로미터까지 적용됩니다. 어디까지 갈 수 있는지 확인해보세요. 다른 혜택 살펴보기

돈을 절약하고 싶습니다.
- 집카 회원들은 자가용 보유자들보다 매달 평균 500달러(약 59만 원) 이상을 절약합니다. 자가용을 가진 분이든 택시를 즐겨 타는 분이든 상당한 비용을 절약할 수 있을 것입니다. 얼마나 절약할 수 있는지 알아보기

자가용 때문에 일어날 복잡하고 귀찮은 일들을 겪고 싶지 않습니다.
- 어쩌면 자동차를 처분하거나 다시는 보유하지 않아도 될 방법을 찾고 있을지 모릅니다. 어느 쪽이든 집카는 모든 일을 알아서 처리해줍니다. 주차 공간과 세차, 유지 보수를 관리하는 지원 팀까지 따로 두고 있지요.

환경 보호를 위해 무언가를 하고 싶습니다.
- 집카는 당신의 지갑은 물론 지구에도 좋습니다. 집카의 자동차 한 대는 개인 자가용 15~20대에 맞먹는 역할을 하니까요. 집카가 왜 지속 가능한 교통문제 해결책인지 알아보기

이따금 자동차가 한 대 더 필요합니다.
- 배우자나 룸메이트가 차를 가져갔나요? 집카에 전화하십시오. 가족에게 자동차가 한 대 더 있어야겠다는 생각이 드시나요? 자동차를 한 대 더 사기 전에 집카를 사용하면 얼마나 많은 돈을 절약할 수 있는지 점검해보십시오. 더 알아보기

커다란 일을 할 수 있는 큰 차가 필요합니다.
- 몇 초만 투자해서 집카의 온라인 예약을 이용한다면 이삿짐 트럭을 빌리거나 사촌에게서 트럭을 빌리는 것보다 훨씬 간편하게 자동차를 사용할 수 있습니다. 지금 예약하십시오. 원하는 차 또는 트럭 찾아보기

새 신발과 어울리는 귀여운 자동차를 원해요.
- 어떤 상황이든 어떤 복장이든 상관없습니다. 거기 어울리는 집카는 늘 준비되어 있으니까요. 주저하지 마시고 온갖 종류의 집카를 사용해보십시오.

상사에게 깊은 인상을 주고 싶습니다.
- 두어 가지 해결책이 있습니다. 그들을 멋진 BMW에 태워주거나 아니면 업무용 집카에 가입해 회사의 골칫거리를 없애는 겁니다. 집카를 이용하는 안목이 있는 당신은 승진하게 되겠죠. 업무용 집카에 관해 알아보기

귀찮고 골치 아픈 일들로 가득한 이 세상에서 개인 및 업무용 집카가 성공할 수 있었던 것은 빠르고 단순한 편리함 덕분이다. 날로 성장하는 자동차 공동 이용 산업에서 볼 수 있듯이 점점 더 많은 사람이 편의를 누리기 위해 기꺼이 웃돈을 낸다. 집카가 그 분야에서 선두를 달리는 이유는 실제로 돈을 절약하게끔 혜택을 제공하여 고객들과 긴밀한 관계를 맺고 있기 때문이다. 처음부터 자동차가 없었거나 있던 자가용을 처분한 집카 사용자들은 자가용 소유자들에 비해 매달 평균 500달러(약 59만 원)를 절약한다. 그러면서도 어디에서나 자동차를 편리하게 이용할 수 있다.

집카는 25만 명 이상의 집스터Zipsters, 즉 집카드 소유자를 보유하고 있으며 보스턴, 토론토, 뉴욕, 필라델피아, 샌프란시스코, 워싱턴 DC를 비롯해 13개 주요 대도시에 5000대의 자동차를 보유하고 있다. 또한 런던에 유럽 진출을 위한 발판을 마련해둔 상태다. 집카는 플렉스카Flexcar와의 합병으로 자동차 공동 이용 분야에서 미국의 30여 개 업체를 물리치고 단연 독보적인 존재로 성장했다. 집카의 가장 큰 매력은 자동차 소유에 따르는 귀찮은 문제들을 처리할 필요도 없이 시간당 10달러(약 1만 2000원)의 가격으로 필요할 때면 언제나 손쉽게 자동차를 빌릴 수 있다는 점이다. 바쁜 현대인들이 그들의 관심사에 더욱 집중할 수 있도록 도와주는 셈이다.

집카의 광고는 장난스레 이렇게 말한다. "사람들은 섹스하는 데 1년에 350시간을 소비합니다. 반면 주차하는 데는 1년에 420시간을 소비하죠. 보세요, 뭔가 잘못된 것 같지 않나요?"

자동차 공동 이용을 가장 유용하게 사용할 수 있는 이들은 자동차가 하루에 몇 시간만 필요하며, 사용 후 다른 회원들이 사용할 수 있도록 그 자리에 다시 가져다 놓을 수 있는 도시 거주민들이다. 회사 입장에서 가장 어려운 일은 특정 지역에 충분한 숫자의 차량을 지나치지 않게 배치하는 것이다. 어느 때든 회원들이 많이 걷지 않고도 자동차를 이용할 수 있게끔 넉넉한 숫자의 자동차를 갖춰야 한다.

유럽에서 자동차 공동 이용이라는 개념이 확립된 것은 적어도 20년 전의 일이다. 집카의 창립자이자 초대 최고경영자인 로빈 체이스Robin Chase는 1999년에 베를린에서 사람들이 자동차를 자연스럽게 나눠 이용하는 것을 보고 영감을 얻어 회사를 설립했다. 그러나 그 아이디어를 미국에서 적용하기란 쉽지 않았다. 미국인들은 자동차에 대해 매우 강력하고 직접적인 유대감을 느끼기 때문이다. 그러면서도 대부분의 사람들이 자동차를 하루에 한 시간 남짓 사용할 뿐 나머지 시간은 하릴없이 방치하면서도 주차 요금, 보험료, 유지비와 같은 청구서들은 잔뜩 떠맡는다.

그러나 갈수록 높아지는 환경에 대한 경각심과 더불어 치솟는 비용 때문에 점차 더 많은 미국인이 자동차를 공동 이용하고 있다. 근래에 개발된 첨단 시스템 덕분에 집카는 각 차량을 하루에 몇 시간은 지속적으로 운행되게끔 할 수 있고, 자동차가 필요한 회원은 누구든지 10분 거리에 있는 자동차를 찾을 수 있다. 자동차 공동 이용 회사는 빠른 속도로 늘어나는 추세이며, 엔터프라이즈와 허츠, 유홀과 같은 주요 렌터카 회사들 역시 이 개념을 받아들이기 시작했다.

한 대의 집카는 개인이 소유한 자가용 15~20대를 대체하므로 교통체증과 주차 공간 부족으로 몸살을 앓는 도시에서는 집카와 같은 업체에 기꺼이 협력하게 된다. 어떤 도시들은 자동차 공동 이용에 보조금을 준다. 워싱턴 DC 외곽에 위치한 알렉산드리아, 알링턴, 버지니아와 같은 도시들은 자동차 공동 이용 계획에 참여하길 원하는 주민들에게 회비를 내주는 프로그램을 시행하며, 메릴랜드 주의 양로원 그리니지 하우스는 거주자들에게 집카 사용료를 환불해준다.

특히 주차 공간을 마련하기가 쉽지 않은 인구 조밀 지역에 위치한 거대 조직의 경우 자동차 공동 이용은 좋은 해결책이다. 집카는 대기업은 물론 보스턴 외곽의 웰슬리를 비롯한 120개 이상의 대학과 제휴를 맺고 학생들이 자동차를 이용할 수 있게끔 하고 있다. 뉴욕의 스타이브센트 타운과 피터 쿠퍼 빌리지 주택 단지는 임차인들에게 집카 서비스를 제공한다. 또한 워싱턴 DC의 대중교통 관리들은 시내 지하철역과 교외에 집카를 배치하여 지하철 이용을 권장한다. 고객들은 지하철을 탔다가 최종 목적지에 갈 때에만 집카를 사용한다. 집카의 마케팅 부사장 매튜 멀로이Matthew Malloy는 이렇게 말한다. "우리는 대중교통의 일부다."

2000년에 매사추세츠 주 캠브리지에서 창립된 집카는 빠른 속도로 대도시 보스턴을 석권하고 뉴욕과 워싱턴 DC로 영업을 확대했다. 그러나 2003년이 되자 너무 많은 차량을 구입한 관계로 자본이 고갈되어 삐걱거리기 시작했다. 집카의 재정 후원자들은 스코트 그리피스Scott Griffith를 새로운 CEO로 앉혔다. 그리피스는 집카에 부임하기 전, 엔지니어 겸 경영 컨설턴트였으며 소프트웨어 제조업체인 디지털 굿즈의 대표였다.

그리피스는 내게 이 제안을 받아들인 것은 집카의 개념에 빠져들었기 때문이라고 말했다. 그는 집카가 전 세계적으로 수백만 명의 회원을 거느리는 수준으로 성장할 가능성이 있다고 생각했다. 그러나 동시에 새로운 비즈니스 모델이 성장하려면 사람들의 라이프스타일을 변화시킬 만큼 깊은 수준의 참여와 유대감이 필요하다는 사실도 알고 있었다. 그는 "모델을 최적화할 수만 있다면 한계는 없다"고 설명한다.

집카의 잠재력을 실현시키기 위해, 그리피스는 차량의 대량 확보라는 낡은 전략을 버리고 좀 더 분배적인 셀프서비스 모델을 지향하기로 결정했다. 그는 이런 변화가 쉽지 않으리라는 것을 알고 있었다. "우리는 사람들이 자동차에 대한 기본적인 태도와 행동을 바꾸길 바랐다." 그러나 회사가 고객들에게 자동차 공동 이용의 편리함을 어필하고 그 개념을 받아들이도록 설득할 수 있다면 본격적으로 성장할 수 있을 터였다.

실제로도 그러했다. 2003년에 그리피스가 부임했을 때 집카는 150대의 차량을 보유하고 4000명의 고객들에게 서비스를 제공하고 있었지만, 현재는 35배나 많은 자동차를 보유하고 65배나 많은 고객에게 서비스를 제공한다. 매출과 회원 수는 매년 두 배씩 증가했고, 일부 도시에서는 2004년 7월 이후 지속적으로 흑자를 기록하고 있다.

내가 볼 때 가장 인상적이고 교훈적인 통계치는 정식 직원의 숫자다. 이렇듯 빠르게 성장하는 기업을 운영하는 데 필요한 직원들은 고작 250명뿐이다. 이는 그리피스의 셀프서비스 모델 덕분이다. 예약에서부터 연료 탱크에 휘발유를 채우는 것에 이르기까지 직원들이 해야 하는 일을 고객들에게 맡겼던 것이다. 집카는 자동차에 문제가 생겼을 경우 회원들의 보고에 의존하며, 회원들은 집카의 6가지 단순한 규칙(고장이 났을 때 신고하고, 자동차를 깨끗하게 유지하고, 차량 내에서 금연하며, 연료를 채우고, 정시에 반납하고, 애완동물은 가방에 넣어둔다)을 준수하는 것에 동의한다.

집카는 회원들이 해야 할 일을 더욱 단순화하기 위해 노력하는데, 기술이 이 일을 쉽게 해주었다. 사용자 진화적인 웹사이트를 이용하면 굳이 직원에게 상담하지 않고도 자동차를 예약할 수 있으며, 고객의 예약 내용은 차량 내 컴퓨터로 직접 전송된다. 문제가 발생했을 때는 보이스메일 시스템에 메시지를 남기면 된다. 난처한 상황에 처한 고객의 메시지는 곧장 문제 해결 목록에 올라간다. 조수석 서랍에는 연료를 채우는 데 필요한 신용카드가 들어 있어서 주유소에 들러 휘발유를 넣기도 쉽다.

해답을 찾아

집카는 최고경영자의 추진력과 헌신 덕분에 대대적으로 성장할 수 있었다. 집카에 합류하기 전에 그리피스는 암에 걸렸고, 병마와의 싸움은 인생을 바라보는 시각을 완전히 바꿔놓았다. "나는 많은 돈을 벌고 있었지만 내가 하는 일은 좋아하지 않았다. 그래서 열정을 느낄 수 없는 일에는 다시는 뛰어들지 않겠다고 맹세했다." 집카의 발상과 잠재력은 그의 열정에 불을 질렀고, 그는 그의 열정을 보여주었다.

그리피스가 취임했을 당시 집카는 곳곳의 주차장마다 한 대의 차량만을 두고 있었는데, 그 사실은 고객들을 불안하게 만들었다. 고객들은 "다른 회원이 나와 동시에 차를 사용하길 원하면 어떻게 하지?"라며 궁금해했다. 그러자 회사는 더 멀리 있는 집카 주차장으로 가라는 성의 없는 대답을 내놓았다. 이는 고객과 긴밀한 관계를 맺기는커녕 편리함이라는 기본적인 약속마저 깨트리는 셈이었다. 고객 기반을 늘리겠다는 생각은 하지도 않는 것 같았다. 게다가 회사는 필요로 하는 것보다 더 많은 차량을 구입하는 일을 경계했는데, 사실 그럴 만도 했다. 그리피스는 어떻게 이 복잡한 문제를 풀 수 있었을까?

그해 봄, 집카는 드디어 뉴욕 시장에 진출했다. "그때가 성수기여서 1년 중 적기였다"고 그리피스는 회상한다. "특히 북서쪽 사람들은 겨울 동안의 우울함을 털어내고 밖으로 나가 드라이브하고 싶어 한다." 그러나 집카는 새로운 시장에서 질식해가고 있었다. 그리피스는 빅애플에 집카를 퍼트리기 위해 장기간의 광고 캠페인을 마지못해 승인했다. 결과는 한여름에야 나타났지만 실망스러웠다. 그 캠페인은 뉴욕 사람들에게 집카를 소개했고 이를 본 사람 중 다수가 연락했지만, 막상 계약한 사람은 별로 없었다. 시장 조사를 통해 그 원인을 밝혀냈다. 다른 곳의 잠재고객들과 마찬가지로 뉴욕 시민들은 가장 가까운 집카 주차장조차 집에서 너무 멀리 떨어져 있다고 생각했던 것이다. 이제 집카는 각 도시의 목표 시장을 집카 주차장에서 걸어서 10분 이내에 거주하는 사람들로 정하고 있다. 오늘날 그들은 1300만 명에 이른다.

그리피스의 반응은 신속하고 대담했다. "시장에 두세 대의 자동차를 진출시켜놓고 빈둥거리는 것은 이제 끝이다. 선석적인 작전을 구사하라. 일부 뉴욕 지역에 100대를 투입하고, 효과가 있다면 또다시 100대를 투입하라. 처음에는 손해를 볼지 몰라도 몇 대부터 돈을 벌 수 있는지는 알 수 있을 것이다." 동시에 그는 잠재 고객들과 긴밀한 관계를 맺을 만한 더 좋은 방법을 찾아 마케터들에게 적절한 목표 지역을 찾으라며 독촉했다. 집카의 약속에 부합하는 인구가 사는 지역 말이다.

집카의 모델 고객은 비교적 젊고, 학력이 높으며, 첨단 기술을 재빨리 받아들이는 도시 거주자들이었다. 그해 말, 조건에 맞는 거주자들의 비율이 높은 지역을 목표로 집카 전격 작전이 실행되었다. 다른 회사에서 한 대의 자동차를 대기시켜놓는다면 집카는 네다섯 대를 두었다. 넓은 지역에 10여 대의 차량이 아니라 수십 대, 수백 대를 배치해놓은 것이다. 갑자기 믿을 수 없을 정도로 일이 잘 풀리기 시작했다. 목표 고객들이 무더기로 찾아와 계약했고, 집카가 얼마나 편리하고 많은 돈을 절약할 수 있는지 입에 침이 마르도록 소문을 내주었다.

또한 그리피스는 간소하고 부족하던 자동차 메뉴를 업그레이드했다. 그리피스가 부임하기 전, 집카의 차량들은 주로 폭스바겐 비틀과 혼다 시빅뿐이었다. 오늘날 집카의 회원들은 이른바 '무드카'라 불리는 차들을 예약할 수 있는데, 미니 쿠퍼와 프리우스 하이브리드, 마츠다 미아타 컨버터블, 심지어 BMW까지 25종 이상의 모델이 구비되어 있다. 혹시 빌린 차라는 사실을 알리고 싶지 않다면 차량 문에 커다란 라임그린 색 'Z' 표시가 없는 차를 따로 빌릴 수도 있다. 그러나 대부분의 회원들은 그런 것에 별로 신경 쓰지 않는다. 그들은 당당하게 집카를 몰고 다닌다. 이제 전체 고객의 20퍼센트 이상을 차지하는 기업 고객들은 선택의 다양성을 즐기며, 이는 매일 운전하는 사람들도 마찬가지다.

3년 전부터 집카를 이용하기 시작한 보스턴대학교 강사 크리스티나 미초드는 "시빅과 골프도 괜찮지만 심심풀이 드라이브에 누가 시빅을 빌리고 싶겠는가?"라고 말한다. "내가 안심하고 주차할 수 있는 유일한 차는 미니 쿠퍼다. 게다가 무척 재미있기도 하다. 그 차를 타면 행복하고 친근한 느낌이 들기 때문이다."

집카와 고객들의 관계는 가까운 곳에 더 많은 자동차를 대기시키고 그들의 환상을 만족시킬 수 있는 다양한 선택을 제공하는 등 더 많은 옵션을 제시하면서 더욱 돈독해졌다. 회원들은 자동차가 필요할 때면 언제든 빌릴 수 있을 뿐만 아니라 회사는 "고객이 원하는 바로 그 차"를 배달해주겠다고 보증하고 있다.

집카와 고객들의 관계는 가까운 곳에 더 많은 자동차를 대기시키고 그들의 환상을 만족시킬 수 있는 다양한 선택을 제공하는 등 더 많은 옵션을 제시하면서 더욱 돈독해졌다.

그리피스는 거래를 더욱 단순하고 투명하게 만들어 고객과의 관계를 강화시켰다. 그가 집카에 합류했을 때 회사는 시간당 요금을 낮추고 마일리지 제도를 도입했는데, 자동차 공동 이용 분야에서는 매우 일반적인 관행이었다. 그러나 주차장에서 자동차를 반납하던 회원들과 이야기를 나눈 후, 그는 약간의 변화를 주기로 결정했다. 그는 내게 이렇게 말했다. "사람들은 시간당 4달러(약 4700원), 마일당 45센트(약 530원)라는 가격을 좋아한다. 하지만 몇 시간 동안 집카를 사용하고 15달러(약 1만 8000원) 정도를 예상하며 청구서를 받아들었는데 35달러(약 4만 1000원)가 청구되어 있는 걸 보면 깜짝 놀라곤 한다." 당시 필요한 일은 요금 체계를 단순화하여 회원들이 집카를 사용할 때 비용이 얼마나 들지 미리 알 수 있도록 하는 것이었다.

가격 단순화를 통해 회원들은 하루 180마일(약 29킬로미터)까지 시간당 요금을 지불하며, 그 이상은 마일당 40~45센트의 요금을 낸다. "기본 거리를 너무 길게 잡으면 사람들이 바퀴가 닳아 없어질 때까지 몰고 다니는 바람에 자동차가 너무 빨리 망가질 것이다." 또한 그리피스는 집카를 자주 사용하는 고객들에게 보상하는 방식을 고안해냈다. 일정 횟수 이상 집카 사용을 미리 약속한 회원들은 시간당 15~20퍼센트를 할인받을 수 있다.

차량 사용이 주로 저녁과 주말에만 집중되는 불균형을 바로잡기 위해 그리피스는 평일에 자동차를 필요로 하는 비즈니스맨들을 목표로 삼았다. 그는 대기업 및 중소기업의 직원들을 끌어들였지만, 얼마 안 가 자동차 공동 이용이 워터폴 같은 기업가나 컨설턴트에게 특히 유용하다는 사실을 깨달았다. 맨해튼에 거주하는 이벤트 마케터 엘런 애커먼은 DJ를 데리러 공항에 가거나 중요한 고객을 위해 맥주 박스를 배달하느라 집카에 매달 150달러(약 17만 7000원)를 쓴다. 그는 집카가 다른 대안보다 들어가는 비용과 노고가 적으면서도 여러 가지 편의를 추가로 제공한다는 사실을 높이 평가한다. 회사 차를 보유하면 자본 비용과 감가상각비, 유지비, 보험 등을 걱정해야 할 것이다. 게다가 주차 비용만으로도 다달이 400달러(약 47만 원)를 지출해야 한다.

그리피스는 아무 어려움 없이 기업 고객들과 판매자 대 고객의 관계에서 동업자 관계로 도약할 수 있었다. 그는 특정 회사의 브랜드와 인구 집단이 집카와 궁합이 잘 맞을 경우 브랜드 제휴를 제안했다. 이케아는 보스턴에서 이케아와 집카 로고가 함께 붙은 14대의 자동차를 후원했다. 그다음 새로운 매장에 '집카 전용 주차장'을 만들어 메트로 보스턴 주민들이 도심지를 떠나 교외에 위치한 매장을 방문하도록 유도했다. 집카 회원들은 제휴 브랜드의 자동차를 할인 가격으로 이용할 수 있으며, 할인된 가격은 이케아가 집카에 보상한다.

집카와 기업 간의 연계, 즉 Z4B_{Zipcar for Business}는 훌륭한 성과를 올렸다. Z4B는 집카의 평균 주당 사용 시간을 늘린 일등공신일 뿐만 아니라 현재 전체 매출의 약 20퍼센트를 차지하고 있다.

뉴욕 시장 진출에서 얻은 새로운 깨달음으로 그리피스는 마케팅 방식을 혁신했다. 그는 목표 고객을 직접 겨냥하여(이른바 '지역 중심 마케팅') 훨씬 적은 비용으로 더 많은 고객을 끌어들인다.

집카의 고객들은 대개 젊고 교육 수준이 높으며 첨단 기술을 활용하는 세련된 도시 거주자들로, 특정한 지역 공동체에 모여 산다. 그리피스와 마케터들은 침공을 계획하는 군대처럼 각 도시의 우편번호와 인구 조사 데이터를 분석하여 그들이 원하는 운전자들이 거주하는 지역을 찾아냈다. 그리고 신문이나 TV 광고에 막대한 비용을 들이는 대신 그들이 원하는 이들에게 집중했다.

그들은 현지 극장에 집카 포스터를 붙이고 레스토랑에 브로슈어를 뿌렸다. 직원들은 노천시장에 부스를 설치하고 지하철이나 대중교통 수단을 이용하는 주민들에게 유인물을 나눠주었다. 어떤 지역에서는 건강 음식 가게 밖에 주차하고 있다가 쇼핑객들이 나오면 집까지 무료로 태워주었다. 머지않아 집카는 목표 지역 내에서 무시하기 힘든 존재가 되었다.

그리피스는 끊임없이 진화하는 집카의 지역 중심 마케팅 전략이 목표 고객과 이용 가능한 차량의 숫자를 섬세하게 조절한 조치와 더불어 매우 중요한 경쟁 우위를 차지한다고 생각한다. 그는 보스턴의 각 지역을 분석하고 목표 고객들이 거주하는 주변에 그들이 선호하거나 필요로 하는 차들을 배치시킨 모습을 처음 봤을 때 "그 치밀함에 놀라 소름이 끼쳤다"고 말한다. 그는 그러한 전략이 집카를 독립전쟁의 애국 투사, 즉 영국군이 사방이 뚫린 공간에서 밀집 대형으로 움직이며 무방비 상태가 된 틈을 타 나무 뒤에서 사격한 독립군들과 같은 수준으로 올려놓았다고 자랑한다. 그리피스는 그의 집카 군대가 지역 중심 마케팅이라는 무기로 무장한 채 '나무 뒤에' 숨어 있기 때문에 경쟁자를 쓰러트리기가 훨씬 수월하다고 말한다.

고 객 밀 착 의 법 칙

편의를 주는 데만 만족하지 말고 부가적인 혜택을 제공하라. 편의성을 내세운 전략이 호소력이 있더라도 고객을 확보하고 지속적으로 끌어들이기에는 부족하다. 고객들은 변덕이 심하고 항상 더 많은 것을 원하기 때문이다. 편의성은 경제적인 혜택과 결합될 때 강력해진다. 집카는 도시 거주자들에게 자동차 공동 이용이 줄 수 있는 혜택을 이해시키고, 자동차 소유에 따른 고비용에서부터 교통체증, 환경오염의 위험에 이르기까지 여러 문제점들에 대한 경제적인 해결책을 제공했다.

그리고 집카는 고객 밀착이라는 아이디어를 더욱 확장하여 다양한 옵션과 스타일을 추가하고 고객들에게 원하는 차를 선택할 수 있다는 메시지를 전달했다. "주말에 속도감을 즐길 수 있는 BMW도, 고객들을 방문할 때 유용한 폭스바겐도 선택할 수 있습니다." 또한 자동차를 소유하면서 해결해야 하는 사소한 문젯거리들을 피하고 환경 보호라는 흐름에 동참하는 현명한 사람이 될 수 있다는 매력도 있다. 이 모두가 지속적으로 고객들을 밀착시키는 부가적인 혜택이다.

편리함이 고객에게 무슨 의미인지 알아야 한다. 편의성을 내세우는 전략을 세우려면 당신의 제품이나 서비스가 어떻게 고객의 욕구를 충족시키는지 이해할 필요가 있다. 또 한 집단에게 잘 먹히는 것이 다른 집단에는 잘 먹혀들지 않을 수도 있다. 시장을 세분화해야 할지도 모른다(집카는 지역 중심 마케팅을 통해 이를 달성했다). 그리고 이미 다른 곳에서 사용되고 있는 것을 모방한다면 반드시 그것을 시장 현실에 맞춰 적용하도록 하라. 집카의 설립자들은 미국 고객들이 연중무휴 24시간 내내 유지되는 서비스를 원하고, 유럽인들과는 달리 자동차를 가지러 멀리까지 걸어가지 않는다는 사실을 알고 있었다.

편의성을 내세우는 전략을 세우려면 당신의 제품이나 서비스가 어떻게 고객의 욕구를 충족시키는지 이해할 필요가 있다. 또한 집단에게 잘 먹히는 것이 다른 집단에는 잘 먹혀들지 않을 수도 있다.

제품이나 서비스 제안을 가능한 한 멀리, 빠르게 확장시켜라. 편의성과 경제성을 내세워 고객들을 끌어들일 때는 제품이나 서비스가 조금 나아진 것만으로는 별 효과가 없다. 집카는 자동차 공동 이용 분야에서 최첨단 기술을 구축해 고객들이 손쉽게 차를 예약하고, 찾고, 잠긴 문을 열고, 몰 수 있게 했다. 고객들은 보험과 유지 관리, 감가상각비, 주차비를 걱정할 필요가 없다. 연료비마저 집카 신용카드로 지불된다. 집카 차량에는 위성라디오와 보이스 메일 시스템이 장착되어 있어서 문제가 생기면 곧바로 신고할 수 있으며, 단순화된 가격 구조 덕분에 차량을 이용하기도 전에 비용이 얼마나 들지 계산할 수 있다.

편의성과 경제성을 내세워 고객들을 끌어들일 때는 제품이나 서비스가 조금 나아진 것만으로는 별 효과가 없다.

절약은 선택할 여지가 없다는 뜻이 아니다. 고객들은 항상 더 많은 것을 원하는 반면 비용은 더 적게 내기를 바란다. 집카는 적은 요금으로 편리함을 제공하는 데 그치지 않고 더 다양한 옵션을 제공했다. 고객들은 25종 이상의 자동차 모델을 날짜나 시간 단위로 선택할 수 있다. 또한 이용 횟수가 많은 고객과 적은 고객에 대해 별도의 계획이 마련되어 있다. 경제성을 향상시키는 열쇠는 효율적인 실행 모델을 확립하는 것이다. 얼마나 적은 수의 직원들이 집카의 업무를 담당하고 있는지, 그리고 집카 고객들이 얼마나 많은 일을 기꺼이 하는지 보라. 나아가 매우 효율적인 비즈니스 모델은 돈을 중요한 곳, 즉 편의성과 다양한 선택에 투자할 수 있게 한다.

잠재 고객을 파악하고 그들을 위해 무엇을 할 수 있는지 알릴 방법

을 찾아라. 집카의 경우, 지역 공동체의 인구 조사부터 시작하여 지역적으로 고객에게 직접 다가가기 위한 노력을 통해 성장했다. 그들은 마구잡이 광고가 아니라 특정 고객을 목표로 하는 팸플릿과 포스터, 유인물, 개별적인 마케팅 활동을 활용했다. 이러한 형태의 게릴라 마케팅은 소규모 회사들의 성공과 번영에 도움이 된다.

현 시장과 겹치지 않는 새로운 고객들과 긴밀한 관계를 맺어 제품이나 서비스 이용을 확대하라. 매력적이고 지속 가능한 비즈니스 제안을 통해 다양한 시장으로 진입할 수 있다. 집카는 기업 회원을 육성하여 그들에게 꼭 필요한 주중 고객을 확보했다. 그들은 주로 밤과 주말에 이용하는 개인 회원들을 방해하지 않고도 더 많은 시간 동안 차량을 활용해준다.

당신의 성공을 통해 이득을 보거나 스스로의 이익을 위해 제품이나 서비스를 사용할 동지들을 찾아라. 이해관계를 같이하는 좋은 비즈니스 파트너와의 공동 마케팅은 성장을 가속화시킨다. 시 정부는 집카가 교통체증과 주차 문제를 완화시킬 수 있다는 사실을 이해하고 집카의 영업 활동을 쉽게 해주었다. 학생들이 몰고 다니는 자동차로 혼잡한 120여 개의 대학 캠퍼스들 역시 많은 비용을 들여야 하는 새로운 주차 공간 건설에 대한 대안으로 집카 서비스를 환영했다. 집카와 제휴 관계를 맺고 있는 이케아는 고객들에게 보답하고 이케아 매장 방문을 더욱 손쉽게 하기 위해 공동 브랜드인 집카의 요금을 30퍼센트 할인해준다. 그러나 이런 마케팅에는 진취적인 태도가 필요하다. 파트너들은 집카가 그들과의 제휴를 통해 어떻게 이익을 줄 수 있을지 보여주기 전까지는 어느 누구도 집카와 제휴를 맺지 않을 것이다. 나아가 당신과 동일한 비즈니스 또는 사회적 관심을 지닌 동맹을 선택했는지 반드시 확인하라.

이해관계를 같이하는 좋은 비즈니스 파트너와의 공동 마케팅은 성장을 가속화시킨다.

Chapter 3

제3법칙
신뢰받는 유통경로를 확보하라

모든 거래 당사자를 만족시킨 멤버헬스

2004년 초 멤버헬스는 고령자들이 처방약을
할인받을 수 있도록 도와주는 친절하고
작은 회사였다. 회사의 CEO 찰스 홀버그는
그해 오하이오 주 클리블랜드 인근에 있는 허름한
빌딩에서 20여 명의 직원들을 데리고
600만 달러(약 71억 원) 남짓 매출을 올렸다.
그러나 이는 홀버그가 묘안을 내놓기
이전이었다. 〈잉크〉지에 따르면 그 후 3년 만에
멤버헬스는 미국에서 가장 빠르게 성장한 회사가 되었다.
회사의 매출은 12억 4000만 달러(약 1조 4656억 원)로
치솟았고, 3년간 성장률은 상상을 초월해서
2만 9119.9퍼센트였다(나는 마지막 0.9포인트를
좋아한다. 이들이 매우 정확하다는 사실을
말해주기 때문이다).

홀버그는 어떻게 그런 일을 해낼 수 있었을까? 그는 전국에서 가장 큰 보험회사들과 함께 노인 의료보험인 메디케어의 파트D 처방약 제도를 실행했다. 또한 시류에 따라, 그리고 고객과 더욱 긴밀한 관계를 형성하는 신뢰할 만한 유통 경로를 발견함으로써 성공할 수 있었다. 홀버그가 빠르게 발전할 수 있었던 핵심은 전국의 소규모 약국들과 손잡고 메디케어 환자들을 의약품 프로그램에 가입시키기로 결정했기 때문이다. 약사들은 노인들의 의료비용을 낮추고, 의료 상담을 해주고, 그들이 복용하는 약품들이 서로 영향을 미치지 않게 감시하여 그들을 행복하게 해준다. 오늘날 멤버헬스의 CCRx 프로그램은 전국에서 네 번째로 큰 파트D 프로그램으로, 6300여 개 약국이 1200만 회원들에게 서비스를 제공하고 있다. 또한 최근 미국 정부가 후원한 연구 조사에서 멤버헬스는 고객 만족도 부문 전국 1위를 기록하고 있다.

나는 보스턴에 살기 때문에 미국 전역에 아직도 2만 4000개의 개인 약국들이 운영되고 있다는 사실을 알지 못했다. 대도시에서는 CVS, 월그린, 듀앤 리드, 라이트 에이드와 같은 대규모 체인점들이 시장을 지배하고 있지만, 홀버그와의 대화를 통해 알게 되었듯이 개인 약국 역시 전국 대다수 지역에서 건재하고 있다.

경쟁업체와 마찬가지로 홀버그는 2003년에 메디케어 현대화법의 일부로 의회가 제정한 파트D 프로그램의 엄격한 규칙을 준수한다. 그러나 그는 경쟁업체들과는 달리 모든 당사자들의 이해를 조정하는 데 성공했다. 메디케어 환자는 더 나은 치료를 받고 비용은 적게 내며, 약사들은 유용한 거래를 맺고 환자 치료에 실질적인 역할을 담당한다는 만족감을 얻으며, 정부는 프로그램 비용을 절약하고, 멤버헬스는 비약적인 성장과 만족스러운 이익을 보고 있다.

메디케어 환자는 더 나은 치료를 받고 비용은 적게 내며, 약사들은 유용한 거래를 맺고 환자 치료에 실질적인 역할을 담당한다는 만족감을 얻으며, 정부는 프로그램 비용을 절약하고, 멤버헬스는 비약적인 성장과 만족스러운 이익을 보고 있다.

홀버그에게 있어 약사들과의 제휴는 당연한 조치였다. 1970년대에 젊은 변호사였던 그는 약국 체인점인 레브코를 위해 일하며 그곳의 문화를 익혔다. "레브코는 할인 정책의 선구자였다. 그리고 레브코의 사업 핵심은 매일 우수한 서비스와 품질, 가격 할인을 제공하는 것이었다. 멤버헬스 역시 그와 똑같은 생각을 갖고 있다."

홀버그는 한 처방약 관리 업체의 부회장직을 잠시 거친 뒤, 1991년 자신의 회사를 설립하여 약국 및 제약협회와의 협상을 통해 개인 회원들과 기업 의료보험에 할인을 제공했다. 1998년에 그 회사가 다른 업체에 인수되자, 홀버그는 그다음 날부터 멤버헬스를 시작했다. 대출받은 7만 5000달러(약 8865만 원)와 13명의 직원들만으로 그는 지하에 있는 사무실에서 견실한 비즈니스를 일으켜 세웠다. 그는 경쟁업체들과는 달리 제약업자들과 협상하여 확보한 할인 금액 전부를 회원들에게 되돌려주었다. 그것은 "당시에는 비교적 알려지지 않은 방식이었다"고 그는 덤덤하게 말했다. 다른 처방약 관리업체들은 그렇게 절약한 돈을 자기 주머니에 넣곤 했다.

홀버그의 첫 번째 돌파구는 2002년에 오하이오 주정부가 노인들에게 할인 약제 보험 혜택을 주기로 결정했을 때였다. 홀버그의 작은 회사는 입찰에 참여했고, 수십억 달러의 매출을 올린 다른 경쟁업체들을 물리쳤다. 고객을 중시한다는 멤버헬스의 명성이 계약을 따내는 데 도움이 된 것은 사실이지만, 실질적인 성공

열쇠는 다름 아닌 혁신이었다. 홀버그는 고령자들에게 프로그램에 참여하기로 동의한 제약회사가 판매하는 약이라면 무엇이든 할인받을 수 있는 통합 회원 카드인 골든 벅아이 카드를 제안했던 것이다.

그 당시 많은 제약회사가 저소득층 환자들에게 할인 카드를 제공했지만, 오직 카드를 발매한 회사의 약품에만 쓸 수 있었다. 홀버그는 말한다. "어떤 환자가 3개의 제약회사에서 나온 5가지 약을 복용해야 한다고 치자. 그러나 그 회사들은 각자 완전히 다른 의약품 프로그램을 적용한다. 독점금지법 때문에 서로 논의할 수도 없다." 더구나 할인의 종류와 할인율은 카드마다 다양했고, 그중 일부는 특정 요일에만 쓸 수 있었다. 노인들이 혼란스러워한 것도 당연하다. 어떤 카드가 어떤 약에 적용되는지 알아내는 것은 약사의 몫이었다. 한편 멤버헬스의 골든 벅아이 카드는 모든 할인 카드를 하나로 합치는 효과가 있었다. 홀버그는 이를 은행 카드에 비유한다. "어느 ATM에서든 카드를 사용할 수 있는 것이나 마찬가지다. 그날 마감 시간이 되면 컴퓨터가 알아서 얼마나 썼는지 계산한다." (앞 장에서 언급한 집카와 마찬가지로 멤버헬스의 밀착 전략은 편리함이라는 장점이 있다.)

약사들은 오하이오 프로그램의 효율적이고 단순한 방식을 좋아했고, 이는 노인들도 마찬가지였다. 멤버헬스에는 200만 명의 회원들이 가입했으며, 직원은 20명으로 늘어났다. 그런데도 그

이 웹사이트(www.mhrx.com)를 살펴보면 멤버헬스가 모든 구성원들, 다시 말해 개인 고객과 브로커 및 컨설턴트, 고용주와 그룹, 약사에게 얼마만큼 호소력을 지니는지 알 수 있다. 이 회사는 모든 이들과 적극적으로 교류한다.

때까지 회사는 휴매나 유나이티드헬스케어와 같은 거대 보험 회사에 비교하면 보잘 것 없는 수준이었다. 그러나 골든 벅아이 카드의 성공은 홀버그에게 용기를 불어넣어 주었다. 그래서 의회가 4000만 메디케어 환자들을 담당하는 파트D 의약품 프로그램을 통과시켰을 때, 그는 다시금 입찰에 참여하기로 결심했다.

2004년 초에 메디케어&메디케이드(노인 의료보험 & 저소득층 의료보조) 서비스 연방 센터가 볼티모어에서 파트D 규정 설명회를 열었을 때, 5000명의 예비 보험 제도 책임자들이 참가를 희망한다는 전화를 걸었다. 홀버그와 그의 직원들은 우연히 컴퓨터 사이언스 코퍼레이션CSC에서 알고 있던 사람들을 만나게 되었다. 그 회사는 연방정부와 계약을 맺고 있으며, 훌륭한 실적을 보여주던 150억 달러(약 17조 7000억 원)짜리 거대한 테크놀로지 기업이었다(또한 내가 전에 일하던 곳이기도 하다). 홀버그는 "우리는 연방정부와 함께 일해본 적이 한 번도 없었고, 그들은 의약품과 관련된 프로그램을 한 번도 해본 적이 없었다"고 회상한다. "그것은 정말 멋진 결합이었다. CSC는 1차 단계의 계약을 따냈고, 우리는 그들의 하청업체가 되었다."

파트D의 1차 단계는 전면적인 의약품 보험 제도가 완전히 발효되기 전 18개월 동안 사용될 간단한 할인 카드를 유통시키는 것이었다. 홀버그는 내게 이렇게 말했다. "그것은 기막힌 아이니어였다. 우리 같은 회사들이 공평하게 경쟁할 수 있는 무대를 마련해주었기 때문이다." 또한 두 단계로 나뉜 구조 덕분에 회사들은 그다음 단계를 담당할 새로운 대규모 비즈니스를 계획하고 준비할 시간을 벌었다.

멤버헬스는 메디케어 할인 카드를 확보하고, 골든 벅아이 카드로 오하이오에서 맺은 인연을 토대로 전국의 개인 약사들과 제휴했다. 초기에 약사들과 맺은 긍정적인 협력관계 덕분에 홀버그는 주로 약국과 소규모 체인점을 대표하는 전국약사협회와 가까워질 수 있었다. 전국약국체인연합의 회원인 대규모 체인점들은 이미 우편 주문 할인업체인 익스프레스 스크립트와 손잡고 할인 프로그램을 실시하고 있었다. 그들은 전국약사협회가 자신들의 진영에 합류하길 원했다. 그러나 홀버그는 다른 계획이 있었다.

"나는 전국약사협회의 부회장 브루스 로버츠에게 CSC에 있는 동료를 만나달라고 간청했다. 그는 매우 공손했지만, 솔직히 말해 그다지 긍정적인 대답은 하지 않았다. 그러나 내가 18번째로 전화를 걸었을 때 그는 '점심시간에 20분 정도 시간을 내보도록 하지요'라고 말했다." 그 정도면 충분했다. "우리는 그날 오후에 곧바로 악수를 나눴다. 우리는 방 안에 들어가 프레젠테이션을 했고, 시장에 접근하는 방식에 대해 설명했다. 그러자 브루스는 무모하게도 우리와 손잡았다."

홀버그는 그가 성공을 거둔 이유가 소매 약국에서 일하는 사람들을 이해한 덕분이라고 말한다. 그는 그들이 의료 분야에서 존경받고 전문적인 역할을 할 수 있길 바란다는 사실을 알아차렸다. 약사들은 법 규정에 의해 석사 학위를 따야 하며 풍부한 지식을 지닌 능력 있는 임상 전문가가 되어 사회에 나온다. 그러나 일단 직장을 잡고 나면 홀버그의 표현대로 "알약 30개를 세어 병에 넣고 나머지는 컴퓨터가 하게 내버려두라"는 지시에 따라야 한다는 사실을 깨닫는다. "그들은 무시되고 과소평가되고 있다. 우리의 약속 중 하나는 '당신을 의료 방정식의 일부로 만들어드리겠습니다'이며, 실제로 그렇게 해왔다."

홀버그는 전국약사협회의 후원으로 할인 보험 제도에 노인들을 가입시키는 데 소규모 시장의 약사들에게 도움을 받을 수 있었다. 이러한 전략은 특히 작은 마을이나 시골 공동체에 유리했는데, 그런 곳에서는 약사들이 의료 문제 상담가로 신뢰받고 있기 때문이다. 약사들은 파트D 프로그램에 관해 떠도는 의심과 두려움을 완화시키는 데에도 커다란 도움이 되었다. 각종 매체의 기사들은 노인들이 그 복잡한 새로운 보험 제도에 어떻게 대처할 것인지에 대해 불길한 예측을 내놓고 있었다. "다들 기억하겠지만, 당시에는 누가 과연 참여하기나 할 것인지 걱정했다. 모두들 성공 가능성에 대해 회의적이었다." 사람들은 자연스레 약사들에게 조언을 구했고, 약사들이 특정한 보험 제도를 지지하는 것은 금지되었지만 신청서를 나눠주고 각각의 보험 제도들을 설명하는 것을 막을 방도는 없었다.

수백만 장의 가입 신청서를 인쇄하고 그 과정에서 돈을 낭비하는 대규모 경쟁업체들과는 달리 멤버헬스는 약사들에게 일단 적은 양의 지원서를 우편으로 보낸 다음, 후에 추가 신청서가 필요할 경우에만 다시 보내주어 비용을 절감했다. 홀버그는 "45만 명이 우리 프로그램에 가입했다. 우리의 약품 할인 프로그램은 수익을 올렸다. 그러나 모두가 그런 것은 아니었다"라고 말한다.

파트D 프로그램의 2차 단계는 멤버헬스와 CSC 두 회사의 역할에 큰 변화를 가져왔다. 할인업체인 이 회사들은 처방약 관리업체로 고용되어 커미션을 받고 있었지만, 2차 단계에서는 능동적인 보험업체가 되므로 회원들의 보험료와 정부의 지원금으로는 비용을 처리할 수 없을지도 모른다는 리스크를 안게 되었다. "처방약 관리업체인 우리는 그 게임에 참가할 수 없었다. 우리는 그저 약국 처방에 대해 약간의 수수료를 받을 뿐이다. 그러나 보험회사가 되면서 우리는 게임에 깊숙이 관여하게 되었고, 리스크를 안게 되었다. 일을 제대로 해내면 돈을 벌게 될 테지만 제대로 하지 못하면 빈털터리가 된다." 입찰 제안서를 제출하는 바로 그 날, CSC는 건강보험 사업은 자신들이 손댈 만한 영역이 아니라는 결론을 내렸다. 멤버헬스가 계약을 따낸다면 CSC는 기술을 제공할 테지만, 그렇다고 나서서 보험 사업을 할 생각은 없었다.

"그 순간 내 머릿속에 스쳐 지나간 생각은 '야호!'였다. 우리는 능력도 있었고 그 역할을 맡을 마음의 준비가 되어 있었다. 하지만 하이파이브를 할 시간은 없었다." 그의 직원들은 오후 내내 수백 페이지나 되는 입찰 서류에서 'CSC'라고 명시된 곳을 모조리 '멤버헬스'로 고치느라 바쁘게 보내야 했다. 마침내 메디케어 부서에 서류를 제출하기 위해 서둘러 자동차에 올라탔을 때는 마감 시간인 오후 5시가 다 되었다. 차를 타고 가는 도중, 여직원 한 명이 서류를 훑어보다 CSC를 멤버헬스로 고치지 못하고 놓친 곳을 발견했다. 아무도 펜을 가지고 있지 않았기 때문에 그녀는 마스카라를 꺼내 'CSC'에 줄을 긋고 '멤버헬스'라고 써 넣었다. 목적지에 도착했을 무렵 마스카라는 종이에 스며들었고, 제안서는 시간에 맞춰 제출될 수 있었다.

    멤버헬스는 막강한 경쟁업체들과 각축을 벌인 끝에 10개의 파트D 계약업체 중 하나로 선정되었다. 유나이티드헬스케어는 미국퇴직자협회의 후원을 받으며 전국적으로 광고 캠페인을 펼치고 텔레비전 광고를 내보내고 있었다. 그러나 홀버그에게는 마케팅이나 광고 예산이 전혀 없었다. 오직 그의 보험 프로그램과 팸플릿과 신청서를 나눠주는 약사들뿐이었다. 홀버그는 지침상 약사들은 특정 보험 프로그램을 옹호하거나 지지해서는 안 된다고 말했다. "약사들이 할 수 있는 말과 행동에는 엄격한 규정이 있어서 우리는 약사들이 그 선을 넘지 않도록 교육시켜야 했다." 새로운 회원들이 가입할 준비가 되면 CCRx 사원들이 가게에 방문해서 신청서를 받았다. 그런데도 홀버그는 약사들이 커다란 도움이 된 것은 의심의 여지가 없다고 말한다.

성공의 비결

홀버그는 멤버헬스의 '성공 비결'이 모든 거래 당사자들을 만족시키려 했던 자신의 고집에 있다고 말한다. 무엇보다 가장 중요한 것은 고객이다. "가장 중요한 것은 늘 수혜자들이다"라고 그는 말한다. "소매 약국들은 매달 약을 사러 오는 보험 수혜자들에게 의존한다. 우리는 약국을 중심으로 하는 근사한 시스템을 구축할 수도 있었다. 하지만 보험 수혜자들을 중심으로 시작하지 않았다면 두 번째 단계는 시도조차 하지 못했을 것이다."

홀버그는 큰 명성을 누릴 만하다. 고객들이 그의 보험 프로그램에 만족해하는 것은 분명하기 때문이다. 2007년 윌슨 헬스 정보 연구소가 4500명의 파트D 회원들을 대상으로 실시한 조사에서 CCRx는 고객만족도 1위를 기록했다.

이제 그들의 프로그램은 매년 6000만 건의 처방전을 처리하며 파트D 제도에 가입한 사람들 중 7퍼센트에게 서비스를 제공하고 있다. 그러나 그의 고객들이 주변 사람들에게 쏟아놓는 칭찬과 이야기들을 통해 더 많은 것을 볼 수 있다. 어쨌든, 그 이야기들이 매우 강력한 것만은 틀림없다. 멤버헬스의 새로운 비즈니스 중 약 60퍼센트가 현 고객들의 입소문을 통해 이루어지기 때문이다.

CCRx는 월 회비 면에서 가장 저렴하지는 않지만 기본 서비스에 있어서는 대다수 주㈜의 가격 등급표에서 아래쪽을 차지하고 있다. 홀버그는 보험 수혜자들이 원하는 것은 "권위 있는 사람들이 복잡한 문제들을 해결하도록 도와주는 것이다"라고 설명한다. "그들은 무엇이 가장 저렴한지, 혹은 최고인지 알고 싶은 것이 아니다. 그들은 '이 보험이 괜찮을까? 내게 도움이 될까? 내가 여기 가입해도 괜찮을까?'를 알고 싶어 한다. 그들은 안도감을 원한다."

멤버헬스는 할인 가능한 약품 목록에서부터 그들을 안심시킨다. 목록의 객관성과 공정성을 보증하기 위해 회사는 의약품 목록 선정을 독립적인 일류 약학 대학원의 전문가 그룹에 맡겼다. "우리의 요구 조건은 제약업체는 잊고, 가장 순수하고 임상적으로 가장 적합한 약품 목록을 만들어달라는 것이었다." 그 결과 멤버헬스의 의약품 목록에는 메디케어에 포함된 98퍼센트의 약품이 들어가 있다. 그래서 회원들은 멤버헬스의 의약품 목록이 대규모 제약회사가 아니라 자신들의 이익을 위해 선정되었다고 확신하고 안심할 수 있다. 목록에서 제외된 회사들이 멤버헬스 명단에 포함되고 싶을 때는 더욱 저렴한 가격으로 약품을 공급하겠다는 조건으로 협상을 할 수도 있다.

모든 CCRx 프로그램의 신규 회원들은 '환영 상담'을 받는다. 일대일 상담을 맡은 약사는 회원에게 CCRx 프로그램이 어떻게 돌아가는지 설명하고, 그들이 복용하는 약품들을 검토하며, 각 약품들이 충돌을 일으키거나 위험한 반응을 초래하지 않도록 조치하고, 비싼 브랜드 약품을 대체할 수 있는 복제약을 찾아준다. 대부분의 프로그램과 달리 CCRx는 회원들에게 복제약을 무료로 제공한다. 멤버헬스의 처방전은 66퍼센트가 복제약으로 이루어져 있는데, 이는 파트D에서 가장 높은 비율이다. 프로그램 첫해에 CCRx 회원들은 브랜드 제품을 복제약으로 대체하여 한 달에 110만 달러(약 13억 원)를 절약했다.

CCRx 프로그램 회원들에게 서비스를 제공하는 약사들은 실제로 고객들의 건강과 복지를 돌보고 있다는 만족감을 얻는다. 더구나 복제약을 처방할 때 대부분의 경우 1달러에 불과한 자기부담금을 청구해야 하는 번거로운 일에서도 해방될 수 있다. 값비싼 브랜드 약을 조제했을 때 얻을 수 있는 이익을 보상하기 위해 멤버헬스는 복제약을 처방할 경우 약사들에게 브랜드 약제보다 더 많은 조제료를 지불한다. 또한 복제약 처방 비율을 늘리면 분기마다 보너스도 준다. 나아가 약사들은 멤버헬스가 대부분의 경쟁업체들과 달리 지방 약국에서 일거리를 빼앗는 할인 우편 주문 서비스를 제공하지 않기 때문에 안심할 수 있다. CCRx의 성공은 대규모 약국 체인점들까지도 끌어들이는 결과를 낳았다.

지금은 대형 체인점들 역시 멤버헬스와 소규모 동네 약국에 합류하고 있는 추세다.

정부는 파트D 거래에서 제3자이며, 그들 역시 CCRx 프로그램을 통해 이익을 보고 있다. 평균적으로 복제약은 정품 브랜드에 비해 비용이 20퍼센트에 불과하기 때문에 복제약 처방전은 납세자들의 돈을 절약해준다. 홀버그는 시간이 지남에 따라 멤버헬스가 복제약 사용을 통해 정부에 수억 달러는 아니더라도 수천만 달러는 절약해줄 것이라 말한다. "연방정부는 우리의 계획을 매우 좋아한다." 당연한 말이다.

멤버헬스의 입장에서 보면 좋은 일을 하고도 일이 잘 풀리는 셈이다. "이렇게 말하고 싶지는 않지만, 우리는 본질적으로 성장할 수밖에 없다. 매년 더 많은 사람이 더 많은 약을 복용한다." 그는 새로운 약이 수명을 연장하고 사람들을 병원에서 벗어나게 하므로 공공의 이익에 부합한다고 주장한다. 그러나 사람들은 오래 살수록 그만큼 더 많은 질병에 걸릴 것이고, 그만큼 더 많은 약을 필요로 할 것이다. 그는 내게 "우리는 노쇠한 인구 집단을 대상으로 한다. 그들 모두 어딘가는 아프다"라고 말했다. 그리고 CCRx는 그들을 낫게 하는 데 이바지한다.

홀버그는 그의 성공이 메디케어 현대화법 덕분이라고 말한다. 그 법률은 멤버헬스가 활용할 수 있는 기회가 되었다. 그러나 홀버그는 수많은 경쟁업체와 맞서 싸웠고, 그들을 모두 물리쳤다.

그에게는 유리한 위치를 점령하고, 건전한 비즈니스 계획을 세우고, 그것을 훌륭하게 실행하는 데 이용할 수 있는 가치 있는 지식이 있었기 때문이다. "우리는 콘텐츠와 당면 과제를 알고 있었다. 시장도 알고 있었다. 둘째로 우리에게는 계획이 있었고, 그것을 어떻게 실행해야 할지도 알고 있었다. 또한 나는 소매 약국에 대해 잘 알고 있었기 때문에 올바른 방식으로 접근할 수 있었다. 그들을 잘 알고 있기 때문이다."

그는 이렇게 말했다. "2차 단계 초기에 우리는 투자자들에게 첫해에 100만 명의 고객을 확보할 것이라고 말했다. 그들은 우리가 60만 명만 확보하더라도 홈런이라고 생각했다. 그래서 '와, 그러면 장외 홈런이 되겠군요'라고 말했다. 실제로 우리는 100만 명의 고객을 확보할 수 있었다. … 나는 우리 팀이 계획을 실천했으며, 거의 완벽하게 해냈다고 말하고 싶다."

이 글을 쓰고 있는 지금 멤버헬스는 클리블랜드에서 160명의 정식 직원과 600명의 계약 직원들을 수용할 수 있는 더 넓은 공간을 찾고 있다. 또한 회사는 기업 의료보험과 퇴직자 집단을 위한 할인 정책을 시행하고 있다. 아울러 약사 상담 시스템을 질병 예방과 건강 관리, 올바른 약물 복용을 강조하는 공식적인 약물 치료 관리 서비스로 확장하고 있다. 홀버그는 환자들을 더욱 건강하게 관리하고 약물 부작용을 차단하며 삶의 질을 향상시키도록 돕는 1차 진료 약사라는 개념을 확립하기 위해 노력하고 있다.

멤버헬스의 놀라운 성장은 초기부터 기업 인수 전문가들의 눈길을 끌었다. 2007년, 건강 및 생명보험 지주회사인 유니버셜 아메리카 금융사가 무려 6억 3000만 달러(약 7446억 원)에 멤버헬스를 인수했다. 이제 회사는 2100만 명에게 서비스를 제공하고 50억 달러(약 5조 9000억 원)의 매출을 올린다. 홀버그는 여전히 멤버헬스의 CEO로 남아 있다.

"우리는 여기서 재미를 보고 있다. 어설프게 인터넷 회사를 차려놓고 시시덕거리는 류의 재미를 말하는 게 아니다. 우리는 진지한 사업을 하지만 그래도 재미있다. 우리는 매일 서로를 쳐다보며 1300만 명의 사람들을 돕고 있다는 사실을 깨닫는다. 우리는 그런 일을 하면서 돈도 벌고 있다. 이 얼마나 멋진 일인가!"

고 객 밀 착 의 법 칙

고객과 유통 파트너를 파악하라. 대부분의 회사들은 고객을 파악하는 데 많은 시간을 들인다. 그것이야말로 고객 밀착의 첫 번째 규칙이기 때문이다. 그러나 대부분의 회사들은 유통 경로와 파트너들의 고객 경험 강화 방법에 대해 충분히 고려하고 있지 않다. 홀버그가 멤버헬스에서 그러했듯, 당신과 고객이 모두 신뢰하는 파트너를 찾아라.

고객과 유통 파트너를 파악하라. 대부분의 회사들은 고객을 파악하는 데 많은 시간을 들인다. 그것이야말로 고객 밀착의 첫 번째 규칙이기 때문이다. 그러나 대부분의 회사들은 유통 경로와 파트너들의 고객 경험 강화 방법에 대해 충분히 고려하고 있지 않다.

유통 파트너들을 알지 못하면 고객들이 제품이나 서비스를 어떻게 경험하는지 알 수가 없다. 최근까지 자동차 판매상들이 그러했다. 새 차를 사거나 중고차를 사는 것은 항상 위험한 일이다. 당신은 원하는 모델을 원하는 가격에 사고 싶은 마음에 이를 악물고 끔찍한 흥정 과정을 견뎌낸다. 그러나 비힉스Vehix를 위시한 인터넷 서비스업체들이 자동차 거래 가격을 완전히 공개하자 판매상들은 더 이상 가격을 놓고 입씨름하지 않고 서비스와 고객들에게 주의를 기울이기 시작했다. 그들은 자동차 제조업체의 좋은 유통 파트너가 되었고, 고객들은 그들을 믿고 좋아하게 되었다.

홀버그는 각 공동체의 약사들이 고객들에게 제공할 수 있는 부가가치를 파악하고 이해했다. 또한 시골이나 교외 공동체에서 의료 문제와 관련해 보험 수혜자들이 제일 먼저 도움을 요청하는 상대가 약사임을 깨달았다.

유통 파트너들이 고객에게 더 많은 것을 제공할 수 있도록 도움을 주라. 물론 유통업자나 판매자들과 소극적인 관계를 맺을 수도 있다. 그러나 그들이 일을 더욱 잘할 수 있도록 돕는다면 그들은 당신을 위해 더 열심히 일할 것이다. 약사들이 고객들에게 무료로 복제약을 제공할 수 있게 해준 것은 뛰어난 전략이다. 멤버헬스는 약사들이 지속적으로 이익을 남길 수 있게 하는 데도 매우 적극적이다.

파트너들이 더욱 많은 것을 제공하도록 하려면 그들의 비즈니스 모델을 이해할 필요가 있다. 그들은 어떻게 영업을 하고 수익을 내는가? 때로 파트너들은 효율적이고 생산적인 관계를 창조하는 데 필요한 만큼 투명하게 보여주기를 망설이기도 한다. 그러나 포기하지 마라. 먼저 자신을 내보여 파트너와 새로운 차원의 신뢰를 구축하라. 홀버그는 파트너의 비즈니스를 이미 잘 알고 있었다. 당신의 파트너를 잘 알기 위해 열심히 노력하라.

거래는 누구에게나 이득이 되어야 한다. 당신의 비즈니스 모델이 다양한 참여자들의 공헌에 의존한다면 그들이 지속적으로 참여할 만한 실질적인 혜택이 있어야 한다. 멤버헬스 비즈니스 모델은 고객(일명 수혜자), 약사, 연방정부, 멤버헬스 모두를 포용한다. 수혜자들은 공정한 가격으로 필요한 약품을 편리하게 살 수 있으며 때로는 무료로 얻을 수도 있다. 또한 그들이 알고 신뢰하는 사람들과 거래할 수 있다는 장점이 있다. 약사들 역시 거래를 통해 상당한 이익을 보장 받고 거래의 복잡성 또한 생략할 수 있게 되었으며 직업 만족도 역시 높아졌다. 정부는 효율적인 서비스 제공업체 덕분에 비용 절감이라는 혜택을 누리며, 멤버헬스는 성장과 수익이라는 이득을 얻는다. 이러한 시스템에서는 모두가 승자이고, 분쟁은 사라진다.

당신의 비즈니스 모델이 다양한 참여자들의 공헌에 의존한다면 모든 참여자들이 지속적으로 참여할 만한 실질적인 혜택이 있어야 한다.

최종 고객을 주시하라. 비즈니스 모델에 너무 많은 이해 당사자들이 관련되어 있을 경우에는 누가 최종 소비자인지 잊어버리는 수가 있다. 특히 이런 현상은 대기업에서 각종 부서 및 업무 영역에서 일하는 사람들이 모여 '내부 고객'에 관해 이야기할 때 자주 나타나는데, 진정한 고객은 회사의 제품이나 서비스에 돈을 지불하는 사람들뿐임을 잊어서는 안 된다. 비즈니스 모델은 모든 참여자들에게 이익을 가져다주어야 하지만, 결국 모든 것은 최종 고객의 입장에서 계획되어야 한다. 멤버헬스의 최종 고객은 보험 수혜자다.

진정한 고객은 회사의 제품이나 서비스에 돈을 지불하는 사람들뿐임을 잊어서는 안 된다.

고객들을 지속적으로 끌어들이고 싶다면 여러 가지 부가 혜택을 주어라. 멤버헬스 수혜자들은 처음에 약사와의 거래에서 얻을 수 있는 이점에 매력을 느낀다. 그런 다음 그들은 멤버헬스가 제공하는 부가 혜택(저렴한 약품, 편리성, 복잡한 것을 단순화시켜 여러 개의 카드를 하나로 통합하는 등)을 보게 된다. 고객을 끌어들여 긴밀한 관계를 맺는 것은 정적이고 판에 박힌 일이 아니다. 더 많은 가치를 제공할수록 그만큼 더 오래 고객들을 유지할 수 있다.

고객을 끌어들여 긴밀한 관계를 맺는 것은 정적이고 판에 박힌 일이 아니다. 더 많은 가치를 제공할수록 그만큼 더 오래 고객들을 유지할 수 있다.

무료로 나눠줄 수 있는 방법을 생각해내라. 수익성을 추구하는 회사에 이런 충고는 부자연스러운 것처럼 보일지도 모른다. 그러나 복제약을 무료로 제공한다는 결정이 멤버헬스에 미친 영향을 생각해보라. 그것은 올바른 선택을 장려하고 모든 이들의 비용을 낮춰주었다. 또한 가치 있는 것을 무료로 나눠주는 조치는 고객들이 또 다른 거래를 하도록 부추긴다. 멤버헬스에게 무료 약은 단순한 샘플이 아니다. 그것은 지속적인 비즈니스 계획의 일부다.

얼마 전 나는 현명한 음악가 지미 버핏의 강의에 참석한 적이 있다. 그는 음악업계를 자신과 같은 뮤지션과 음반업체로 구분했는데, 음반업체들이 새로운 현실에 적응하려 하지 않고 음악가를 이용하던 관행에만 의존해왔기 때문에 불안하고 위험한 처지가 되었다고 주장했다.

오늘날 우리는 인터넷에서 음악을 무료로 구해 들을 수 있다. 하지만 음반업계의 반응은 어떠했는가? 그들은 비즈니스 모델을 바꾸는 것이 아니라 오히려 고객들이 무료 이용이라는 이점을 누리지 못하게 가로막았다. 다른 대부분의 정보들과 마찬가지로 말이다. 언젠가는 인터넷이 음악을 무료로 만들어버릴 것이라는 사실을 모르는 사람은 아무도 없건만, 음반업계는 이 같은 현실을 외면하고 있는 것이다. 반면 버핏은 모든 라이브 콘서트를 무료로 공개해 공연에 갈 수 없는 사람들까지도 그의 음악을 자유롭게 들을 수 있게 해주었다. 그러면 그들은 버핏의 다른 앨범을 산다.

무료로 나눠주는 것이 고객들에게 진정한 가치를 줄 수 있어야 한다. 나는 그때 그것이 고객들을 지속적으로 밀착시킨다고 확신한다.

Chapter 4

제4법칙
철저하게 단순화하라

24시간 잠들지 않는 콜센터의 기적, 고대디

밥 파슨스Bob Parsons는 국립북극야생동물보호구역에서
열흘간이나 힘겹게 사냥했지만, 알래스카에 온 목적은
여전히 이루지 못하고 있었다. 회색곰이었다.
죽어도 빈손으로 떠나기 싫었던 이 인터넷 기업가는
안내원에게 아직 떠나지 말아달라고 설득했고,
그는 다음 날 회색곰을 잡을 수 있었다.

파슨스는 쉽게 포기하지 않았다. 회색곰이든 성공적인 비즈니스든, 원하는 것은 손에 넣고야 마는 사람이다.

1997년에 파슨스는 그의 첫 번째 소프트웨어 회사를 매각하여 손에 넣은 자금을 가지고 조맥스 테크놀로지라는 회사를 시작했다. 사업은 지지부진했다. 아이디어를 포기하고 싶지 않았던 파슨스는 이 인터넷 서비스 업체에 고대디닷컴GoDaddy.com이라는 튀는 이름을 붙이고 사업을 계속했다. 고대디가 막 살아날 조짐을 보이기 시작했을 때, 닷컴 붕괴의 여파가 몰아치면서 회사가 다시 비틀거렸다. 더욱이 파슨스는 주식 시장 침체로 막대한 타격을 입은 터였다. 2001년 초, 이 부실한 기업이 남아 있는 현금을 야금야금 먹어치우는 꼴을 본 파슨스는 자신이 밑 빠진 독에 물을 붓고 있다는 사실을 깨달았다. 자, 이제 어떻게 해야 할까?

"나는 혼자 조용히 계획을 세우러 하와이에 있는 리조트로 갔다. 어느 날 나는 내 차를 주차하는 주차요원이 그 일에서 행복을 느낀다는 사실을 알아차렸다." 그 모습을 본 그는 자신이 고대디를 운영하다가 실패하더라도 그의 인생이 끝나는 것은 아니라는 사실을 깨달았다. 어쩌면 주차요원으로 전락할지도 모르지만, 그래서 어쨌다는 건가? 그래도 그는 여전히 행복하게 살 수 있을 것이다.

새롭게 결의를 다진 파슨스는 애리조나 주 스코츠데일에 위치한 고대디 본사로 돌아왔다. 2001년 10월이 되자 현금 흐름이 좋아졌다. 그것은 시작에 불과했다. 얼마 지나지 않아 파슨스는 자신이 좋아하는 역할을 마음껏 누릴 수 있게 되었다. 곰을 쫓든 회사를 일으켜 세우든 결코 불운에 쓰러지지 않는 사람이라는 역할 말이다.

무엇이든 결코 포기하지 않는다는 사고방식을 지닌 사람치고는 특이하게도 파슨스는 고객들이 매사를 간단하게 처리할 수 있도록 해야 한다고 굳게 믿는다. 그것이 그와 그의 팀이 보이지 않는 곳에서 놀라울 정도의 복잡한 과정을 관리해야 한다는 사실을 의미하더라도 말이다. 파슨스는 기본에 충실한 비즈니스 모델을 통해 복잡한 일을 단순화시켰다. 그가 생각하는 비즈니스의 기본이란 고객들에게 합리적인 가격과 풍부한 기능을 갖춘 제품, 어떤 문제라도 해결할 수 있도록 교육 받은 현장 직원들에게 믿을 만한 지원을 제공하는 것이다. 고대디의 고객들은 그러한 방침을 사랑한다. 고객들은 회사를 아낌없이 칭찬하는 한편, 회사의 시장점유율을 꾸준히 높여주었다.

오늘날 수많은 웹사이트에서 생활을 더욱 편하게 만들어주겠다고 약속하지만 막상 제품을 사거나 웹사이트를 통해 거래하거나 고객 상담 센터에 접촉해보면 그런 주장에 걸맞게 행동하는 곳이 거의 없다. 사이트를 둘러보는 방법을 배우는 데만 몇 시간이 걸리고, 고객 상담 센터의 직원들은 고객들을 더욱 혼란스럽게 만들곤 한다. 고대디는 그렇지 않다. 그들은 고객들이 도메인 이름을 등록하고 웹사이트를 제작할 때 어쩔 수 없이 부딪쳐야 하는 복잡한 문제들을 간단히 해결해준다.

고대디는 미로처럼 복잡하게 운영되는 대부분의 닷컴 회사들과는 다르다. 파슨스는 기술에 대한 지식과 확고하고 강렬한 관심을 회사 경영 및 고객과의 접촉에 집중시켰다. 그는 회사를 수평적인 조직으로 구성하여 잘 교육된 직원들이 복잡한 지휘 체계를 거치지 않고도 결정을 내릴 수 있게 만들었다. 능률적인 구조는 자동적으로 복잡한 일을 단순화시켰고, 내부 개발과 포괄적인 고객 지원에 충실하여 다른 문제들을 없앴다.

파슨스는 기술에 대한 지식과 확고하고 강렬한 관심을 회사 경영 및 고객과의 접촉에 집중시켰다.

파슨스의 성공은 구체적인 숫자로 나타낼 수 있다. 10년도 되지 않아 고대디는 600만 명의 이상의 고객들을 끌어 모았고, 3200만 개의 도메인 이름을 등록했으며, 전 세계 시장에서 46퍼센트의 점유율을 기록했다(등록된 경쟁업체들만 해도 1000여 곳 이상이라는 사실을 고려하면 매우 인상적인 결과가 아닐 수 없다).

진창길은 부(富)로 통한다

파슨스는 파슨스 테크놀로지를 매각한 후, 매각 계약서의 비경쟁 조항 때문에 1년간 일선에서 물러나 있어야 했다. 끔찍한 시간이었다. 그는 내게 말하길, 그 기간이 끝나자마자 "똑똑한 사람 몇 명을 고용하여 새로운 회사를 차린 다음, 시대적인 조류였던 인터넷에 뛰어들었다"고 했다. 그에게는 비전도, 제품도, 비즈니스 계획도, 고객을 끌어들일 모델도 없었다. 파슨스는 "고대디는 아무런 아이디어 없이 시작되었다"고 말한다. "나는 그저 여러 가지 것들을 시도해보며 무엇으로 돈을 벌 수 있을지 찾아볼 생각이었다." 그는 막연히 외부에서 찾느니 차라리 그 속에 뛰어든다면 원하는 것을 더욱 빨리 발견할 수 있으리라 믿었다. 그러나 내가 알고 있는 사람들, 막대한 현금 동원 능력을 가진 이들도 모두 그와 정반대로 행동한다.

인생과 비즈니스에 관한 밥 파슨스의 16가지 성공 법칙

1. 안전지대를 과감히 벗어나라.
나는 안전지대에 있을 때에는 중요한 진전을 이룰 수 없다고 믿는다. 사람들은 "하지만 내 안위가 걱정됩니다"라고 말한다. 그에 대한 대답은 간단하다. "안위란 시체에게나 필요한 것입니다."

2. 결코 포기하지 마라.
첫 시도부터 잘되는 일은 없다. 당신이 하는 일이 제대로 되지 않는다고 해서 그것이 소용없다는 의미는 아니다. 그저 당신의 방식이 효과가 없을지도 모른다는 의미다. 그 일이 쉽다면 지금쯤 모두가 그 일을 하고 있을 것이고, 그렇다면 당신은 기회조차 얻지 못했을 것이다.

3. 포기하려고 할 때야말로, 생각보다 육체에 더 가까운 상태임을 명심하라.
내가 무척 좋아하고 굳게 믿는 중국의 오래된 속담이 하나 있다. "중도에서 포기하고자 하는 유혹은 성공하기 직전에 가장 강렬하다."

4. 걱정거리가 생길 경우에는 일어날 수 있는 최악의 상황을 인정하고 최악의 결과를 추측하라.
당신이 예상하는 최악의 결과라도 예상치 못한 "막연한 결과"보다는 낫다. 내가 파슨스 테크놀로지 때문에 고전하고 있을 때 아버지는 "로버트, 그 일이 실패하더라도 너를 갉아먹지는 못할 거다"라고 말씀하셨다.

5. 당신이 원하는 일에 집중하라.
"믿는 대로 되리라"는 경구를 기억하라.

6. 한 번에 하나씩 하라.
삼촉이 이루지 어렵더라도, 먼 미래에 신경 쓰지 않고 현재에 집중한다면 해쳐나갈 수 있다. 오늘 할 일에만 집중한다면 무엇이든 해내갈 수 있다.

7. 항상 앞으로 나아가라.
투자를 멈추지 마라, 개선하기 위한 노력을 멈추지 마라, 새로운 일에 대한 시도를 멈추지 마라. 멈추는 순간, 그 조직은 죽기 시작한다. 매일 조금씩이나마 나아지는 것을 목표로 삼아라. 티끌 모아 태산이 된다는 점을 명심하라.

8. 신속히 결정하라.
조지 S. 패튼 장군의 말을 기억하라. "오늘 괜찮은 계획을 대충 실행하는 것이 내일 완벽한 계획을 실행하는 것보다 낫다."

9. 중요한 것은 반드시 평가하라.
이는 분명한 사실이다. 측정하고 평가하는 것은 개선되게 되어 있다.

10. 관리하지 않는 것은 퇴보한다.
이제껏 알지 못했던 문제를 발견하고 싶다면 잠시 틈을 내어 한동안 소홀히 했던 영역을 편밀히 살펴보라. 장담컨대, 문제는 반드시 거기 있을 것이다.

11. 경쟁자들에게 주의를 기울여라.
그러나 당신이 하고 있는 일에는 더더욱 주의를 기울여라. 경쟁자들을 관찰할 경우, 한발 떨어져 있을 때에는 모든 것이 완벽해 보인다는 사실을 명심하라. 지구라는 행성도 우주 멀리서 내려다본다면 평화로워 보일 것이다.

12. 누구든 당신을 고통하게 두지 마라.
법률과 공정한 경쟁의 장이 있는 우리 사회에서는 합법적이기만 하다면 당신도 다른 사람만큼이나 자신의 일을 할 권리가 있다.

13. 인생이 공평하다고 기대하지 마라.
인생은 공평하지 않다. 기회란 스스로 만드는 것이다. "공평(fair)"의 유일한 의미가 누구나 똑같이 내는 버스 요금(fare)이라고 생각한다면 제대로 알고 있는 셈이다.

14. 자신의 문제를 해결하라.
자신만의 해결책을 내놓는다면 경쟁 우위를 차지할 수 있다. 이를 가장 잘 표현한 사람이 소니의 공동 창업자 마사루 이부카일 것이다. "기술, 비즈니스, 또는 다른 무엇에 있어서도 다른 이들을 따라 해서는 성공할 수 없다." 또 나는 아시아 속담을 자주 되뇌곤 한다. "현자는 자기 자신에게 묻는다."

15. 너무 진지해지지 마라.
느긋해져라. 당신이 심각하는 것의 절반은 헛운, 덕분인 경우가 많다. 누구도 자신이 생각하는 만큼 상황을 통제하지 못한다.

16. 미소를 지어야 할 이유는 언제나 존재한다.
그 이유를 찾아라. 살아 있다는 것은 엄청난 행운이다. 인생은 짧다. 내 동생은 언제나 "우리가 살을 사는 이유는 오래 머물기 위해서가 아니라 즐거운 시간을 보내기 위해서다"라고 상기시키곤 한다. 나이가 들수록 나는 이 말이 옳다고 느낀다.

밥 파슨스는 고대디 웹사이트에 자신의 신조를 과감하게 밝혀 놓았다. 이 사이트에서 어떻게 '터프 가이' 태도와 낙관주의를 통해 어려움을 극복하고 고대디를 성장시켜 시장 입지를 굳혔는지 알 수 있다.

그는 지저분한 거리의 이름을 본떠 회사에 조맥스라는 이름을 붙였다. "이름은 중요하지 않았다. 그럴 만한 이유도 없었다. 그때 우리는 아무것도 하고 있지 않았기 때문이다." 그 후 그는 웹사이트를 만들고 네트워크를 구성하고 온갖 종류의 아이디어들을 시도하며 몇 달을 보냈다. "나는 시장에서 통하는 것보다 그다지 통하지 않는 것을 찾아내는 편이 훨씬 쉽다는 사실을 깨달았다." 결국 파슨스는 그가 초기에 성공을 거뒀던 지적 재산권 소프트웨어를 제작하는 일로 돌아갔다. 그는 개인이나 조직이 웹사이트를 직접 제작할 수 있게 하는 프로그램인 웹사이트 투나잇을 개발했다. 이제는 새로운 회사의 이름이 필요했다. 누군가 '빅대디'가 어떻겠느냐고 제안했지만 그 이름은 이미 임자가 있었다. 그때 누군가가 아메리카 온라인의 'go' 명령어를 사용해 'Go Daddy'라는 이름을 찾아보았고, 그 도메인의 임자는 아직 없었다. "그래서 우리는 장난삼아 그 도메인을 샀다. 그리고 다음 날 사람들에게 그게 새로운 이름이 될 거라고 농담하고 다녔다. 사람들은 웃음을 터트렸지만, 진짜로 우리 회사의 이름이 되었다."

웹사이트 제작 프로그램을 널리 홍보하는 동안, 파슨스는 비밀스럽고 복잡한 도메인 이름 등록업체들의 세계를 돌아다니기 시작했다. 그는 못마땅했다. "모두 지나친 요금을 청구했고, 서비스는 끔찍했으며, 시스템은 더더욱 엉망이었다." 고대디가 저가 도메인으로 고객들을 끌어들여 웹사이트 제작을 돕는 소프트웨어를 판매한다면 그들보다 훨씬 더 잘해낼 수 있을 것 같았다. 1년 후 100만 달러(약 11억 8000만 원)를 투자한 결과 운영 시스템이 완성되었고, 고대디는 국제인터넷주소관리기구로부터 정식 도메인 등록업체로 인정받았다(국제인터넷주소관리기구는 도메인 주소와 IP 등 인터넷 식별 체계를 관리하는 비영리 글로벌 연합체다).

오늘날 고대디는 1초마다 도메인 하나를 등록하거나 갱신하거나 옮기고 있다. 회사는 웹사이트, 블로그, 아이팟 호스팅, 이메일 패키지와 계좌 관리, 온라인 거래를 암호화하는 전자상거래 보안 프로그램, 웹사이트 디자인 따라 하기와 새로운 맞춤 서비스를 포함해 수많은 서비스를 제공한다. 이렇게 새로운 제품들을 제공하면서 기업은 가파르게 성장했다. 현재 고대디는 3개 주에 걸쳐 있는 6개 사이트를 운영하고, 2000명 이상의 직원을 고용하고 있으며, 대부분이 고대디의 고객 관리 센터에서 근무한다.

고대디의 직원들은 오랜 경험을 쌓은 일손일 뿐만 아니라 파슨스가 "매우 신명이 나 있는 직원들"이라고 찬양하는 사람들이다. 이들은 진정으로 흥겹고 신이 나 있다. 그가 그렇게 만들었기 때문이다. 최고의 고객 지원 서비스와 새롭고 개선된 제품들을 제공하는 대가로 이 뛰어난 인재들은 최고 수준의 보수와 회사가 세금까지 부담하는 할리 데이비슨 오토바이, 자동차, 휴가 등의 추가 인센티브를 받는다.

　유명한 첨단 기술 회사에 한번 전화를 걸어보라. 좌절감을 느낄 것이다. 파슨스는 "이야기할 수 있는 사람과 연결되는 것만으로도 엄청나게 운이 좋은 것이다"라고 지적한다. "대개는 전화를 이리저리 돌리기만 할 뿐 결코 해답을 주지 않는다. 당신은 문제를 해결할 수가 없다." 그와는 달리 고대디에 전화를 걸면 "필요한 것을 알고 문제를 확실히 처리할 수 있는" 진짜 직원과 곧장 연결된다고 파슨스는 말한다.

　파슨스는 기술 시스템이 끊임없이 진화해 직관할 필요가 없어진 때라도 "사람은 반드시 도움을 받아야 한다"라는 사실을 깨달았다. "그리고 일대일로 고객들과 의사소통할 조직이 있어야 한다." 그래서 고대디는 고객 지원 서비스를 외주로 보내거나 해외로 내보내지 않는다. 그의 직원들은 일주일 동안 하루도 거르지 않고 24시간 내내 사이트와 전화 서비스에 대기한다.

　파슨스는 또한 "내부에서 제품이 개발되어야 한다"고 굳게 믿는 사람이다. 고대디의 테크놀로지 대부분이 기업 내부에서 개발되고 관리된다. 외부에서 라이선스를 가져오거나 외부에 승인해주는 법이 없다. 그 결과 고대디 사람들은 모든 제품에 관해 상세히 알고 고객들에게 봉사할 수 있다. IT 인력은 미국 내 전화 서비스 지원 팀 근치에 근거지를 두고 있어서, 고상이나 문제가 발생하면 전문가가 신속하게 처리한다.

고객들은 여러 곳을 헤맬 필요 없이 한 전화번호에 전화를 걸어 단 한 번의 상담만으로 문제를 해결할 수 있다. 모든 고객 센터 직원들이 어떤 문제나 고객의 요구도 처리할 수 있게 교육 받았기 때문이다. 요금 청구서 문제든, 디자인이든 수리든, 아니면 두 가지 문제가 동시에 일어나든 간에 상관없다. 모든 상담과 문제 해결은 공짜다. 이는 고객의 삶을 단순하게 만들어주는 최고의 예라 할 수 있다.

고객 센터 직원들만이 문제에 반응하는 것은 아니다. 판매 사원 역시 모든 고객들에게 전화를 걸어 "감사합니다"라고 인사하고, 구매한 지 1주일 내에 제품에 관한 질문에 대답하여 계약을 마무리하도록 교육받는다. 사람들은 그런 서비스를 받으면 결코 잊지 못한다고 파슨스는 말한다. 그는 공항에서 그를 알아본 고객들이(고대디 사이트에 게재된 몇 장의 사진 때문에 사람들은 그를 쉽게 알아본다) 다가와 직원들의 친절한 서비스를 열렬히 칭찬하기도 한다고 말했다. 그러므로 경쟁업체들이 적자를 낼 때 고대디의 고객 센터 팀은 어떻게 상당한 이익을 낼 수 있었는지 이해하기란 그리 어렵지 않다.

그런데도 나는 보통의 고객 관리 사원들이 정말로 어려운 문제를 처리할 수 있을지 의심스러웠다. 사장과 직접 통화하기를 바랄 만큼 복잡한 질문들에 대해 그들이 답해줄 수 있을까? 그렇다. 고대디에서 그런 문제는 발생하지 않는다. 파슨스는 높은 수준의 질문에 대답할 수 있는 "고객 관리에 있어 최고 직원들로 구성된 특공대"를 조직해두었기 때문이다. 그들은 사장이 직접 관리하며, 모두 '사장 보좌관'이라는 타이틀을 가지고 있다.

이들은 가장 복잡하게 엉킨 문제를 처리하는 것 외에도 또 다른 중요한 업무를 수행한다. 바로 새로운 문제점이나 오래된 문제에서 새로 발견된 골칫거리를 정리한 주간 보고서를 발표하는 것이다. 이는 파슨스의 표현대로 '기회'다. 그 보고서는 경영진과 사내 제품 개발 팀으로 전달되는데, 개발 팀은 1주일 혹은 최대 2주일 내로 해결책을 찾아내야 한다. 200명의 개발 팀 직원들은 아주 신속하게 행동한다. 민원 건수가 감소하면 인센티브가 올라가기 때문이다.

단순함은 제품 개발로 확장된다. 제품이 공개되면 팀 하나가 그 제품에 관해 책임지고 모든 문제를 전담하게 된다. 이러한 전담 체계는 다른 회사에서 팀들이 이 프로젝트에서 저 프로젝트로 옮겨 갈 때 발생하는 혼란을 방지한다. 고대디 개발자들은 그 제품에 관한 한 모든 면에서 통달하게 되는데, 이는 매우 좋은 일이다. 파슨스는 2주마다 모든 제품을 업데이트하게끔 하기 때문이다.

직원을 위한 보상과 장려책은 파슨스의 표현을 빌자면 '엄격히 관리되는 회사'의 당근이다. 그는 정의-평가-개선의 접근 방식을 신봉하는 사람답게 매일 아침 각 부문의 손익계산서를 제출하게 하는 강경책을 펼친다. 일례로 그의 회사는 시간 단위로 매출을 보여주는 경영 정보 시스템을 개발했다.

그러나 훌륭한 제품을 만들고 그에 못지않은 서비스를 지원하는 회사라도 아는 사람이 너무 적다면 피어나지 못하고 쓰러질 수 있다. 그래서 당신이 들어본 적도 없는 고대디의 경쟁업체들과는 달리, 파슨스는 인터넷 및 입소문 광고뿐만 아니라 슈퍼볼이나 인디카, 나스카 레이싱 대회처럼 미국에서 가장 많은 시청자들을 끌어 모으는 행사 기간 동안에는 텔레비전 광고를 통해 부족한 홍보를 보완하기로 했다.

모든 이들을 만족시키기 위한 엉성한 광고 따위는 쓸모없다고 여기는 파슨스는 레이싱카 드라이버인 다니카 패트릭과 〈플레이보이〉지 모델인 고대디걸 캔디스 미첼을 내세워 아슬아슬하지만 유머러스한 광고를 내보냈다. 목적은 비슷비슷한 수많은 광고 사이에서 사람들의 눈에 띄는 것이었다. 그리고 고대디의 광고는 이를 성공적으로 해냈다. "85~90퍼센트의 관심을 끌기 위해서라면 10~15퍼센트의 시청자들은 기꺼이 포기할 수 있다. 중요한 것은 사람들에게 자신을 알리는 것이다."

물론 그는 논란의 여지가 있는 광고가 저절로 제품을 팔아준다고는 생각하지 않는다. 따라서 고대디의 성공을 다져준 다른 요소와 마찬가지로 1주일에 900여 회 방영되는 텔레비전 광고를 비롯한 마케팅 전략을 측정하고 평가한다. "한두 시간만으로도 효과가 있는지 여부를 판단할 수 있다. 기대했던 만큼의 효과가 없다면 곧장 폐기한다."

복잡한 것을 단순화하려는 파슨스의 의지는 때로 예상치 못하게 비용 절감이라는 형태로 나타났다. "처음 비즈니스에 뛰어들었을 때, 나는 머리를 쓰기보다는 돈으로 때울 요량이었다. 그래서 멋진 사무실을 차렸다. 그러다가 그것이 필요하지 않다는 사실을 깨달았고, 거기서 나와버렸다." 오늘날 그의 사무실에는 테이블이 2개가 놓여 있다. 하나는 회의 때 사용되고 다른 하나는 개인 책상이다. 둘 다 카페테리아에서 사용되는 300달러(약 35만 원)짜리 테이블이다. 이를 제외하면 낡아빠진 의자 몇 개가 실내 장식의 전부다. 한 직원이 의자들을 새것으로 바꾸려고 하자, 파슨스가 도로 제자리에 갖다 놓으라고 한 적도 있다.

나는 그에게 엄격한 검소함이 직원들에게 보내는 모종의 메시지인지 아니면 개인적인 취향인지 물었다. 파슨스는 "양쪽 다"라고 대답했다. 그는 그것이 회사의 과거를 보여주는 증거이며, 멋진 가구를 들여놔봤자 돈이 벌리는 것은 아니라고 덧붙였다. "중요한 것은 사람과 시스템, 이념과 문화다."

매사를 기본적이고 단순하게 유지하여 고객과 밀착된 관계를 형성하는 것이야말로 고대디의 비전을 좌우하고 영업 활동의 근간을 형성하는 핵심이다. 파슨스는 인터넷 비즈니스의 가능성은 무한하다고 말한다. "셀 수 없이 많은 방향으로 나갈 수 있기 때문에 초점을 유지하는 것이 무척 중요하다." 연달아 새로운 영역으로 사업 분야를 확장한 주요 인터넷 기업들은 결국 헛된 일에 시간만 낭비하고 어떤 일도 제대로 해내지 못했다. 수백만 달러를 들여 비운의 벤처 기업을 일으켜 세워 굴러가게 하고 물건을 팔기 위해 노력하다가 문득 위를 올려다보면, 전에는 보잘 것 없던 경쟁업체들이 갑자기 자신들의 핵심 제품과 서비스보다 앞서고 있는 것이다. 파슨스는 모든 프로젝트나 상품에 도메인 이름을 사용하거나 품질을 향상시켜야 한다고 결정하면서 그런 치명적인 실수를 피해 가고 있다. 그렇지 않다면 고대디는 도중에 멈추고 말 것이다.

  고대디의 미래를 평가한 파슨스는 이제 전 세계를 향해 시선을 돌리고 있다. 이미 모든 비즈니스의 20퍼센트가 국제적으로 운영되고 있고, 앞으로도 그 수치가 계속 증가하리라고 예상한다. 그는 인도와 아프리카에서 사냥 여행을 체험하며 머지않아 영어가 보편적인 언어가 되고 고대디닷컴의 고객 역시 전 세계의 다양한 국적의 세계인이 되리라 확신했다. 그는 언젠가 때가 되면 세계의 모든 신생아들이 평생 동안 쓸 수 있는 자신만의 도메인을 갖게 될 것이라고 예상한다. 그는 앞으로 다가올 미래와 그 모든 변화들을 가만히 앉아서 기다릴 수만은 없다. 그 이유가 무엇이냐고? 그는 고대디를 "인터넷으로 가는 진입로"라고 생각하기 때문이다.

내가 파슨스에게 경쟁업체들을 물리칠 수 있을 것 같으냐고 물었을 때, 그는 베트남 전쟁에서 혁혁한 공을 세운 해병대원답게 신중한 논리에 따라 대답했다. "장군들은 논을 보고 물 깊이가 30센티미터라고 했다. 하지만 그들은 물 아래 진흙의 깊이가 1미터라는 것을 알지 못했다. 우리는 힘겹게 나아가야 했다. 고대디의 인터넷 비즈니스도 마찬가지다. 얼핏 보기에는 간단해 보이지만, 알고 보면 깊은 진흙탕이다. 크고 작은 회사들이 수없이 시도했지만 아무런 성과도 올리지 못했다."

달리 말해 단순하고 복잡하지 않은 비즈니스인 듯 보이지만 그 뒤에는 믿을 수 없을 정도의 복잡함이 존재한다. 그러나 파슨스의 창조적인 사고 능력과 날카로운 경영 스타일은 그 모든 것을 간단해 보이게 한다.

고 객 밀 착 의 법 칙

고객의 충족되지 않은 욕구와 변덕에 주목하라. 파슨스는 전통을 무시하고, 시장과 제품, 비즈니스 모델을 결정하기도 전에 비즈니스를 시작했다. 그는 인터넷 바다에 일단 뛰어들어 자신이 수영을 할 수 있는지 알아보려 했다. 일반적인 경우라면 절대로 충고하지 않을 매우 위험한 방식이다. 그러나 파슨스는 구명 도구를 챙겨놓고 있었다. 바로 예리한 판단력이다. 그는 본능적으로 인터넷의 복잡함을 해결할 수 있게끔 고객을 돕는 일을 반드시 붙잡아야 할 어마어마한 기회로 여겼다. 그는 고객들의 충족되지 않은 욕구를 알아볼 수 있었다.

　파슨스는 옳았다. 그리고 이유는 알 수 없지만, 고대디의 경쟁 업체 대부분은 인간에 대한 기본적인 이해가 부족한 듯하다. 새로운 첨단 기술은 (이미 많이 발전한 것조차) 익히기가 매우 어렵다. 기술자들이 '간단하다'고 여기는 것이 평범한 사람들에게는 그렇지 않을 수도 있다. 이 같은 차이는 첨단 기술의 복잡성을 단순화하려는 비즈니스에는 기회가 된다.

　파슨스의 비즈니스 방식을 선택한다면, 잠재 고객의 채워지지 않는 욕구를 찾아내 시장에 진출하는 동시에 회사의 역량을 개발하게 될 것이다. 그리고 욕구와 역량 사이의 연결 고리를 찾게 될 것이다.

새로운 첨단 기술은 (이미 많이 발전한 것조차) 익히기가 매우 어렵다. 기술자들이 '간단하다'고 여기는 것이 평범한 사람들에게는 그렇지 않을 수도 있다. 이 같은 차이는 첨단 기술의 복잡성을 단순화하려는 비즈니스에는 기회가 된다.

첨단 기술은 고감도high-touch를 요구한다. 순진한 사람들은 첨단 기술을 기반으로 하는 비즈니스는 알아서 운영되도록 프로그램할 수 있다고 믿는다. 고객들이 던질 질문과 발생할 수 있는 문제들을 예상하여 이에 답하는 세련된 웹사이트를 만들고 사용할 수 있게 한다면 모든 일이 알아서 해결될 것이라고 말이다. 그러나 복잡한 제품이나 서비스의 경우, 이런 전략이 효과를 발휘하는 것을 한번도 본 적이 없다.

파슨스는 골치 아픈 문제로 고생하는 고객들이 사람과 직접 접촉해야 한다는 사실을 일찍이 깨달았다. "의사소통과 연구 조사, 사업을 해야 할 때 사람들은 인터넷을 사용하기를 좋아한다. 그러나 무언가를 배우거나 문제를 해결해야 하는 한, 다른 이들과 직접 대화하는 편을 선호한다."

서비스로 평범함을 넘어서라. 당신의 고객 밀착 기획안이 훌륭한 서비스를 토대로 하고 있다면, '훌륭한' 것만으로는 충분하지 않다. 시장에서 현재의 위치를 지키고 잠재 고객들의 관심을 끌고 싶다면, 성과 기준은 경쟁업체들보다 상당히 높아야 한다.

당신의 고객 밀착 기획안이 훌륭한 서비스를 토대로 하고 있다면, '훌륭한' 것만으로는 충분하지 않다. 시장에서 현재의 위치를 지키고 잠재 고객들의 관심을 끌고 싶다면, 성과 기준은 경쟁업체들보다 상당히 높아야 한다.

파슨스는 고객들이 고객 관리 센터로부터 원하는 것을 쉽게 얻을 수 있도록 만들었다. 또한 고도로 훈련된 팀원들을 사장 직속으로 임명해 가장 복잡하고 수준 높은 질문들을 처리하도록 하여 고객 서비스의 질을 한 단계 높였다. '사장 보좌관'이라는 타이틀을 가진 이들은 어려운 질문들을 다루는 중요한 직무를 맡고 있다.

이것이 고객들을 끌어들이는 뛰어난 전략이다. 진정한 문제는 곧바로 관심을 끌게 된다. 고객들은 전화를 끊을 때쯤이면 중요한 사람으로 대접받는다고 느끼고, 회사와 고객과의 관계는 더욱 단단해지며, 입소문이 퍼지고 새로운 비즈니스가 생겨난다.

성과 지표는 중요하다. 파슨스가 이 아이디어를 생각해낸 것은 아니지만, 이는 강조해야 한다. 성과 지표를 정확하게 추적하지 않는 한 마케팅 프로그램과 같은 영업 활동의 효율성을 측정하기란 어렵다. 성과 지표를 추적할 경우 관찰자 효과라는 중요한 혜택 또한 누릴 수 있는데, 이는 누군가가 주시할 때 일어나는 행동의 변화를 뜻한다. 비즈니스에서 관찰자 효과는 회사 사람들이 당신이 무엇을 좇고 있는지 지켜볼 때 발생한다. 당신이 측정하고 평가하는 것들은 무엇을 중요하게 여기는지, 그리고 원하는 결과가 무엇인지 말해줄 것이며, 사람들은 그것을 이해하고 당신의 목표에 다가설 수 있는 아이디어들을 내놓을 것이다. 물론 이 결과는 적재적소에 알맞은 사람들을 배치했을 때 얻을 수 있다.

훌륭한 성과 지표의 또 다른 혜택은 성과가 떨어지는 부분을 알 수 있다는 것이다. 그 부분을 조사한다면 프로그램에서 수정해야 할 시스템의 문제를 발견할 수 있다.

당신이 측정하고 평가하는 것들은 무엇을 중요하게 여기는지, 그리고 원하는 결과가 무엇인지 말해준다.

Chapter 5

제5법칙
법보다 더 엄격한 정직을 추구하라

정직한 제품과 투명한 거래의 아이콘, 어니스트티

어니스트티의 두 설립자 배리 네일버프Barry Nalebuff와
세스 골드먼Seth Goldman이 어렴풋이나마 비즈니스 기회를
감지한 것은 1994년이었다. 당시 예일대학교
경영대학원에서 비즈니스 전략을 가르치고 있던
네일버프는 제자인 골드먼과 병 음료수에 관해
논의하고 있었다. 그때 두 사람은 아주 흥미로운
사실에 관심을 기울이게 되었다. 물을 제외한 모든
비다이어트 음료, 즉 과일 주스, 스포츠 음료,
아이스티에는 고과당 콘시럽의 형태로 설탕이 잔뜩
들어 있었던 것이다. 작은 캔이나 병에 담겨
시판되는 음료수에는 대개 10~12숟가락 이상의
설탕이 들어 있었다.

마케팅적 입장에서 보면 설탕은 잘 팔리는 제품이다. 음식 포장 업자들은 어떤 제품이든 설탕을 많이 집어넣을수록 매출이 늘어난다는 사실을 발견했다. 물론 그것이 고객들의 건강에 좋은지 아닌지는 별개의 문제다. 저명한 영양학자이자 베스트셀러 저자이기도 한 마리온 네슬은 병 음료수를 '액상 캔디'라고 부른다. 그것의 해악은 충치를 넘어서 현재 미국 전역을 휩쓸고 있는 전염병인 비만과 당뇨에까지 이르고 있다.

이런 건강 문제를 예리하게 깨닫고 있던 네일버프와 골드먼은 감미료가 지나치게 많이 함유되어 있지 않은 음료수를 발견하지 못하고는 좌절감마저 느꼈다. 그러나 동시에 이로 인해 틈새시장이 존재한다는 사실을 깨달았다. 차나 커피에 원하는 만큼 설탕을 넣으라고 한다면 대부분의 사람들은 한두 숟가락 이상은 넣지 않을 것이다. 건강에 민감한 사람이든 그렇지 않은 사람이든 시중에서 판매되는 음료수에 넣는 만큼 설탕을 많이 먹을 소비자는 없다. 감미료를 아주 약간만 첨가한 올바른 제품이라면 이러한 틈새를 활용할 수 있을 것 같았다. 두 사람은 그 아이디어가 마음에 들었고, 특히 골드먼은 조깅을 끝낸 후 상쾌하게 마실 수 있는 음료수가 없다는 사실에 실망한 터라 열광적인 반응을 보였다.

골드먼과 네일버프는 저당 음료수를 만들려면 회사를 세워야 한다고 반쯤 농담 삼아 말하곤 했다. 그들은 천연 과일 주스에 약간의 설탕과 소다수를 섞는 방법을 생각해내기까지 했다. 그러나 주스로 만든 음료수는 비용이 너무 많이 들었기 때문에 싸구려 감미료를 사용하는 시장에서 경쟁이 되지 않았다.

결정적인 해결책이 등장한 것은 1996년이었다. 네일버프가 인도에 방문해 타타 차 회사의 연구 사례 보고서를 쓰던 도중 방대한 인도 차 시장의 복잡한 사정을 알게 된 것이다. 그는 대부분의 미국 소비자가 '차'라고 알고 있는 것이 실은 까다로운 애호가들을 위해 좋은 찻잎을 선별해낸 뒤 남은 찌꺼기들을 걸러 만든 것이라는 사실을 알아냈다. 특히 아이스티 음료에 사용되는 찻잎은 쓰고 불쾌한 맛을 남겼다. 하지만 스내플과 같은 미국의 음료 회사들은 가장 떨떠름한 맛의 찻잎을 찾는다. 덜 자극적인 차는 10숟가락의 설탕과 섞이면 맛이 나지 않기 때문이다.

네일버프는 고급 와인과 마찬가지로 진짜 좋은 차는 싸구려 차보다 수백 배는 비싸다고 말했다. 그러나 이를 감안하더라도 최고급 차는 500그램에 몇 페니에 불과하고 500그램의 차를 사용하면 약 240리터의 어니스트티를 만들 수 있다. "좋은 차는 세계에서 가장 싼 사치품 중 하나다"라고 그는 설명한다.

그런데도 남는 장사인 것은 분명했다. 우수한 품질의 찻잎으로 제조된 병 음료수는 찌꺼기 차로 만든 것보다 비용이 약간 더 들 뿐이다. 그리고 떨떠름한 맛을 없앨 수 있을 만큼 설탕이 많이 필요하지도 않다. 게다가 감미료를 10분의 1이나 적게 사용하는 음료업체는 더 좋은 감미료, 즉 꿀이나 메이플시럽과 같은 것을 넣을 여유가 생긴다. 칼로리가 적고 몸에 좋은 차 음료수는 건강을 챙기는 소비자들에게 웃돈을 받을 수도 있다. 이는 병 음료수 비즈니스 게임의 모든 규칙을 깨뜨리는 새로운 모험이 될 것이다. 그렇다면 한번 해보는 게 어떨까? 네일버프는 이것이야말로 그와 골드먼이 오랫동안 꿈꿔왔던 제품이라는 사실을 깨달았다.

우연의 일치로, 네일버프가 인도에서 돌아온 지 얼마 되지 않아 골드먼이 그에게 전화를 걸었다. 그리고 다시 한 번 감미료를 줄인 음료수에 관한 이야기를 꺼냈다. 네일버프는 이렇게 회상했다. "그는 내게 '저칼로리 음료수에 관한 아이디어 기억하세요? 혹시 뭐라도 알아보셨나요?'라고 물었다. 나는 그에게 '아니'라고 대답했다. 하지만 이제 사업을 할 준비가 되었다고 말했다." 그래서 골드먼은 CEO(그는 Tea-EO라고 부르는 편을 좋아한다)가 되었다. 네일버프는 "골드먼이야말로 그 아이디어를 완벽하게 이해하고 실천한 사람이다"라고 치켜세웠다. 글쎄, 진짜로 완벽한 건 아니었다. 멋진 브랜드 이름을 내놓은 건 네일버프였으니 말이다.

어니스트티라는 이름의 회사가 고객을 끌어들이기 위해서는 그 이름에 걸맞은 모습을 보일 필요가 있었다. 그러기 위해서는 기존의 상식을 깨는 비즈니스 모델이 필요했다. 어니스트티는 골드먼과 네일버프를 비롯한 진짜 사람들이 진짜 차를 만드는 회사가 될 터였다. 그리고 회사의 모든 생산품에는 서명이 들어갈 것이다. 병의 디자인은 우아하고, 라벨은 차분할 것이다. 이는 매장 선반에 나란히 놓여 있는 경쟁업체 제품들 사이에서 돋보이게 하기 위한 전투적인 밀착 전략이었다. 뒤편 라벨에는 소비자들에게 음료수와 그 역사를 설명하는 수다스럽고 다소 모범적인 메시지를 넣는다. 그리고 무엇보다 가장 중요한 것은 어니스트티 제품을 생산하고 마케팅하는 과정에서 진실함을 절대적인 시금석으로 활용하는 것이었다. 운영 부문의 완벽한 투명성은 고객들을 끌어들일 것이다.

무엇보다 가장 중요한 것은 어니스트티 제품을 생산하고 마케팅하는 과정에서 진실함을 절대적인 시금석으로 활용하는 것이었다. 운영 부문의 완벽한 투명성은 고객들을 끌어들일 것이다.

두 사람은 가족과 친구들로부터 창업 자본으로 50만 달러(약 5억 9000만 원)를 모은 뒤 다소 이국적인 차를 제조해 가족과 친구들, 동료들과 학생들에게 선보였다. 그들은 곧 자신들이 평범한 미국인들의 기호보다 지나치게 앞서 있다는 사실을 깨달았다. 한 시식자에게 가장 마음에 드는 샘플을 골라달라고 하자 그가 이렇게 간청했던 것이다. "당신이 이걸 마시라고 날 고용한 건 알고 있습니다만, 꼭 그래야만 하나요?" 그 말을 들은 네일버프와 골드먼은 사업 계획을 전반적으로 개편해 박하와 레드 오렌지, 레몬그래스처럼 미국인들에게 더욱 친숙하고 잘 맞는 음료를 만들기로 결정했다. 또한 그들은 그렇게 만든 음료수에 탠저린 그린이나 저스트 블랙, 피치 우라롱 등 외우기 쉬운 이름을 붙였다.

이들에게 돌파구를 열어준 것은 지금은 홀푸드 마켓이 인수한 건강식품 체인점 프레시 필드였다. 그들은 어니스트티의 5가지 제품을 시음한 뒤 1만 5000병을 주문했고, 골드먼과 네일버프는 여러 곳을 조사한 끝에 그들이 원하는 방식으로 차를 끓이고 포장할 제조 공장을 찾아냈다. 1998년 초, 드디어 어니스트티는 사업을 개시했다.

초기에 그들은 고객들을 끌어들이는 심각한 문제에 직면했다. 스토니필드의 게리 허쉬버그와 마찬가지로, 골드먼과 네일버프는 제품을 홍보할 자금이 없었다. 오히려 그들은 광고가 역효과를 내지 않을까 염려했다. 그들의 목표 고객들은 건강에 좋다고 요란스레 떠드는 제품에 속은 경험이 있어서 광고에 회의적이었기 때문이다. 따라서 그들의 해결책 역시 허쉬버그와 마찬가지로 무료 샘플을 주는 것이었다.

"일단 먹어보고 우리가 하고 있는 일을 이해한다면 소비자들은 그 즉시 깨달을 것이다." 네일버프는 장담했다. 샘플을 맛본 소비자들의 반응은 "그동안 어디 있다가 나타난 거죠? 이게 바로 내가 찾던 거예요"였다. 신선한 민트향 어니스트티를 마신 사람들이 곧장 친구들에게 소문을 퍼트리기 시작했다. 투명성을 내세운 회사의 전략은 고객을 끌어들이는 데 큰 효과를 발휘했고, 골드먼과 네일버프는 팬들이 보낸 이메일에 답하느라 따로 시간을 내야 할 정도였다.

진실한 이들을 판단하는 시험

진실함을 신조로 삼은 어니스트티는 첫 번째 시험에 직면했다. '제로(칼로리가 포함되어 있지 않음을 과장해서 표현하는 이름)'라는 새 음료수를 시판할 준비를 하고 있을 때였다. 제로라고

www.honesttea.com을 방문하면 어니스트티의 역사를 살펴볼 수 있다. 그중에는 코카콜라가 회사의 40퍼센트 지분을 인수했다는 최근의 발표도 포함되어 있는데, 이는 어니스트티 브랜드의 강력한 힘과 순수함이 크게 인정받는다는 뜻이다.

2007년 – 새로운 투자자들과 이사진들을 환영합니다. 또한 9가지 맛의 신제품을 출시했습니다. 이미 시중에서 커다란 인기를 끌고 있는 우리의 신제품으로는 고지 베리 석류 화이트 티와 가장 최근에 출시된 에이드 제품인 망고스틴 오렌지 망고(이상 플라스틱 병 제품), 서브라임 마테(어니스트티가 최초로 내놓은 마테 차 음료수), 고지 베리 석류 레드 티(유리병)가 있습니다. 저스트 그린과 저스트 블랙은 우리의 차 제품 가운데 처음으로 1.8리터 병으로 시판됩니다. 올해 봄에는 많은 기대를 걸고 있는 새로운 저당 유기농 갈증 해소 음료인 어니스트티 키즈가 세 가지 맛(굿니스 그레이프닉스, 열대 탱고 펀치, 베리 베리 굿 레모네이드)으로 출시됩니다!

2008년 – 2월에 회사 창립 10주년 기념 행사를 열었습니다. 또한 코카콜라가 어니스트티의 지분 40퍼센트를 매입했다고 발표하면서, 전국적인 성장과 확장의 기회가 찾아왔습니다. 이번에 출시되는 5가지 새로운 맛은 시트러스 에너지 티와 복숭아 화이트 티, 레몬 블랙 티(500밀리리터 PET병), 시트러스 향 디카프와 자스민 그린 에너지 차(500밀리리터 유리병)입니다. 〈컨슈머리포트〉 5월호가 또다시 우리의 로리스 레몬을 최고의 병입차로 선정했습니다.

쓰인 음료수 상표가 인쇄에 들어간 상태에서 그들은 이 음료가 병당 3.5칼로리를 함유하고 있다는 것을 알게 되었다. 미국 정부의 규정에 의하면 5칼로리 이하의 식료품은 라벨이나 광고에 '제로'라고 표기할 수 있었다. 아무도 이 라벨이 그 상품과 딱 떨어지지 않는다는 사실을 굳이 알 필요가 없었다. 그러나 어니스트티에게는 이러한 모순이 매우 중요한 문제였다. 네일버프는 말한다. "3.5칼로리가 들어 있는데도 제로라고 부를 수는 없었다. 그래서 우리는 제품의 이름을 바꾸고 다른 제품을 만들었다." 음료수에 설탕을 조금 가미하고 용설란 주스를 첨가하자 맛이 다채로워지고 칼로리 양이 증가했다. 두 사람은 이 음료를 '텐'이라고 부르기로 했다.

돌이켜보면 그때가 그들과 고객과의 관계가 제품을 넘어서기 시작한 시점이었다. 골드먼의 말대로 그들은 "제품보다 정직성을 더욱 중시하게 되었다." 소비자들은 몸에 좋을 뿐만 아니라 윤리적으로도 훌륭하고 부도덕한 세상에 저항하는 자신들을 기분 좋게 만들어주는 제품을 원했다. 회사의 최우선 목표는 고객들의 욕구를 채워주는 것이었다.

그러나 골드먼과 네일버프는 사물을 바라보는 균형 감각을 잃지 않았다. 이 책에 나온 다른 회사들과 마찬가지로 어니스트티는 빈틈없는 실용성을 중요시했다. 아무리 복적에 대해 열의를 가지고 헌신해도, 순수주의자가 뭐라고 떠들어도, 고객과 밀착된 관계를 맺으려는 욕구에 눈이 어두워 시장의 현실을 모른 척하지는 않았다. 다음의 두 사건이 이를 분명하게 보여준다.

- 초창기에 어니스트티는 허니부시라고 불리는 루이보스 차를 발견했다. 그 차는 남아프리카 하를렘에서 미국국제개발처의 지원금을 받는 자영 농부들의 공동체에 의해 재배되고 있었다. 골드먼은 "정말 멋진 일이었다"라고 말했다. 그 이야기는 어니스트티 고객들을 위해 꾸며진 것처럼 보일 정도였다. "그것은 진짜로 자급자족 경제 공동체 모델이었다."
어니스트티는 하를렘 허니부시 음료를 출시했고, 농부들에게 수익의 일부를 나눠주겠다고 약속했다. 그러나 음료수는 그다지 잘 팔리지 않았다. "사명에만 골몰한 나머지 고객이 무엇을 마시고 싶어 하는지 생각하지 않았던 것이다." 골드먼은 이렇게 설명했다. 그 상품은 폐기되었다. 성난 고객들은 이메일을 보냈다. "어떻게 이럴 수가 있죠? 당신들도 다른 회사들과 똑같아요!" 그러나 회사는 똑같은 허니부시 잎을 사용해 고지 베리를 첨가한 석류 레드 티를 출시했다. 그리고 하를렘의 재배 농부들은 예전보다 더 많은 수익을 올릴 수 있었다. 골드먼은 묻는다. "공동체에게 있어 어떤 것이 더 나은 선택인가?" 잘 안 팔리는 상품을 고수하는 것인가, 아니면 다른 것을 찾아내는 것인가?

- 2003년, 어니스트티는 최초의 공정무역 음료수를 마케팅했다. 그것은 비공정무역 제품에 비하면 가격이 떨어졌을 때조차 제3세계 농민들에게 더 많은 수입을 보장하는 제품으로, 이러한 마케팅은 고객과의 관계를 강화시키는 데 매우 훌륭한 조치로 보였다. 회사는 모든 음료를 공정무역 방식으로 거래해 생산한다면 비용이 얼마나 들지 계산했다. 전면적으로 개편할 경우 비용은 50퍼센트나 상승할 것으로 보였다. 그렇게 된다면 제품 가격을 매우 높은 수준으로 인상하거나 회사가 더 이상 유지되지 못할 정도로 마진이 감소할 것이었다. 이후 회사는 매년 더 많은 제품들을 공정무역 인증 제품으로 바꿔갔으며, 결국 공정무역 제품을 7개로 늘렸다. 이러한 전략은 회사를 위험에 빠트리지 않으면서도 농민들에게 실질적인 도움을 주었다. 회사는 이윤을 놓고 농민들과 신중하게 (그리고 공정하게) 협상하여 공정무역 약속을 이행했다.

어니스트티가 후원자들이 지원하는 비영리 벤처 회사였다면 하를렘 허니부시 때문에 고역을 겪고 공정무역 거래로 전환하면서 막대한 손해를 보았을 것이다. 그러나 네일버프와 골드먼에게는 보답해야 할 투자자들이 있었기 때문에 냉정하게 시장을 평가했다. 그리고 그 결과 모든 사람들이 이익을 얻었다.

이와 비슷하게, 네일버프와 골드먼은 일찍이 회사의 모든 제품을 유기농으로 전환해야겠다고 결정한 적이 있었다. 이념적인 호소는 빼고라도 원래 건강식품이라면 자연스럽게 나아가야 할 방향이었다. "대부분의 사람들은 찻잎을 씻지 않는다는 사실을 모른다"고 골드먼은 말했다. "차를 타기 위해 뜨거운 물을 처음 부을 때 찻잎에 묻어 있던 화학 약품이 씻겨 나온다. 그러므로 차 속에 화학 약품이 스며들게 된다. 유기농 차에는 그러한 화학 약품이 들어 있지 않다."

가격은 문제가 아니었다. 유기농으로 재배된 고급 차는 톤당 5000달러(약 590만 원)나 되기 때문에 전통적인 최고급차보다도 비싸지만, 유기농으로 전환하면 그만한 효과가 있었다. 찻잎 1톤으로 어마어마한 양의 차를 끓일 수가 있으니 500밀리리터짜리 유기농 차 한 병은 비유기농 차보다 겨우 4센트 더 들 뿐이기 때문이다. 애초에 유기농 전환을 가로막은 것은 원료인 유기 농산물이 부족해서였다. 시장에는 어니스트티의 급증하는 수요를 충족시킬 만한 유기농 차가 부족했다. 그러나 1990년대 중반에 차에 뿌린 살충제에 관한 두려움이 유럽을 엄습하자, 인도와 중국의 상당수 농민들이 유기농법을 이용하기 시작했다. 그 결과 충분한 양의 유기농 찻잎이 시장에 나왔고, 어니스트티는 모든 음료수에 유기농 라벨을 붙일 수 있었다.

1998년에 문을 열고 10년이 지난 지금, 어니스트티는 18가지의 제품을 출시하고 있다. 전국의 홀푸드 마켓 매장과 일부 타깃

매장, 지역 슈퍼마켓 체인, 그리고 다양한 협동조합시장과 간이식당, 편의점 등에서 구입할 수 있다. 어니스트티는 2년간 매년 70퍼센트 이상이라는 놀라운 성장률을 기록하면서 2007년에는 3000만 병 이상을 판매했다.

그해 총수익은 1350만 달러(약 159억 5000만 원)에 달했고, 어니스트티는 처음으로 흑자를 달성했다. 2007년 매출은 72퍼센트가 증가한 2300만 달러(약 272억 원)였다. 매출을 자극한 것은 투명한 경영 방식에 관한 입소문이었다. 어니스트티는 몇 군데의 업계 잡지에 광고를 냈을 뿐이었다.

어니스트티는 미 농무성이 인정한 인증 기관의 직원들이 파견되어 차 재배 농장에서 병입 공장에 이르기까지 모든 단계를 검열한다. 모든 재배업자들의 서류는 검증되고, 해충 방제 방식도 반드시 승인받아야 하며, 선적되는 화물(차)마다 증명서 사본이 첨부되어야 한다. 공장에서 유기농 제품은 비유기농 제품과 동시에 제조되어서는 안 된다. 유기 농산물을 가공하기 전에 모든 장비는 물로 세척하고 소독한다.

어니스트티와 고객과의 긴밀한 관계가 회사에 영감을 고취시키는 것은 분명하다. 완전한 투명성이라는 약속을 지키는 것은 회사의 제품보다도 중요하다. 의사결정은 과학적인 시장 전략이 아니라 그 결정이 브랜드와 얼마나 어울리는지, 그리고 무엇을 상징하는지에 따라 이루어진다. 이제 회사의 고객들에게 '정직함'이란 모든 면에서 약속을 지키는 기업이 판매하는 몸에 좋은 유기농 제품과 동의어가 된다. 시장에서 이런 결합의 힘은 시장 조사를 넘어서며, 그것이 어니스트티와 다른 기업과의 차이다. 즉, 회사가 아니라 브랜드를 빛내는 것이다. 어니스트티의 진실함은 고객들과 밀착된 관계를 맺는 유일한 방법이다.

어니스트티는 완전한 투명성을 추구하여 모든 운영 방식이 사명을 충족시키는 기회가 되게 했다. 유기농식 라이프스타일을 누리고 싶다면, 어니스트티 제품은 당신이 필요로 하는 부분을 채워줄 것이다. 지구 반대편에 있는 차 농장의 노동자들이 공정하게 보상받아야 한다고 생각한다면 제대로 된 곳을 찾아온 셈이다. 건강한 식생활을 누리고 싶다고? 어니스트티를 찾아오라.

수많은 벤처 투자자들이 어니스트티에 투자하고 싶다고 아우성을 쳤지만, 골드먼과 네일버프는 모두 정중하게 거절했다. 두 사람은 다른 회사들이 성장을 지속할 만한 분명한 계획이나 건전한 조직 체계 없이 지나치게 빨리 확장하는 모습을 여러 번 지켜보았다. 어니스트티는 2007년이 되어서야 대규모 확장을 위해 1200만 달러(약 141억 8000만 원)를 조달했다. 이는 어니스트티가 두 번째 단어(차Tea)보다 첫 번째 단어(정직함Honest)에 더 중점을 두고 있음을 보여준다.

요즘에는 크랜베리에서 라임에 이르기까지 다양한 향에 단맛을 가볍게 첨가한 어니스트 에이드를 생산하고 있는데, 뉴욕 일부 지역에서는 차 음료보다도 더 많이 판매되고 있다. 또한 어니스트 키즈 봉지 주스는 어린아이들의 도시락 주머니 속에서 엄청나게 달콤한 카프리 썬 제품과 치열한 경쟁을 벌이고 있다.

어니스트티의 직원들은 3배로 늘었지만 여전히 48명이라는 단출한 규모를 유지하고 있으며, 워싱턴 DC 외곽에 있는 커다란 새 사무실로 옮겼다. 그러나 새로운 사무실 역시 탁 트인 구조에 비밀스러운 공간이 없어 예전과 비슷하다. 회사의 두 동업자들은 아직도 과학적인 마케팅이 아니라 브랜드의 약속에 걸맞은 의사결정을 내리고 있다. 어니스트 키즈 주스는 비타민 C 일일권장량을 포함하고 있지만, 칼로리는 경쟁 제품인 카프리 썬 주스의 40퍼센트에 불과하다. 카프리 썬과 어니스트 주스를 놓고 아이들을 대상으로 시음한다면, 자신들은 상대도 되지 않을 것이라고 골드먼은 말한다. "아이들은 카프리 썬을 더 좋아한다. 농담이 아니다. 그 음료에는 설탕이 잔뜩 들어 있다. 그건 펩시 챌린지(펩시가 콜라의 브랜드 명을 밝히지 않고 블라인드 시음회를 했을 때 대부분의 고객들이 코카콜라가 아니라 달고 부드러운 펩시콜라를 더 좋아한다는 사실을 이용한 마케팅_옮긴이)와 비슷하다. 당연히 아이들은 단것을 더 좋아한다." 그러나 실제로 무역박람회와 시음회에서 어니스트 키즈는 "사람들을 휘어잡았다"고 그는 설명했다. "사람들은 '맙소사' '세상에' 같은 반응을 보였다. 그들은 그 즉시 왜 우리 제품이 더 좋은지 이해했다. 단번에 느낌이 왔다. 그래서 나는 우리 제품이 시장에서 히트를 칠 거라고 확신하지 않을 수 없었다."

환경과 건강한 라이프스타일에 관한 관심과 인식이 고조되는 오늘날, 골드먼은 투명성을 통해 고객과 밀접한 관계를 맺는다는 어니스트티의 목표를 실천하는 신제품에 무한한 기회가 있다고 본다. 그는 "국경과 상관없이 정직성이 통하는 곳이라면, 그리고 다른 대안이 그 기준을 충족시키지 못하는 곳에서라면 어디서나" 새로운 제품을 출시할 수 있을 것이라고 말했다. "그것이 꼭 음료수일 필요는 없다." 그는 한 고객이 남긴, 농담 섞인 음성 메일을 떠올린다. "나는 여러분의 회사가 별별 것들을 다 만들었으면 좋겠습니다. 당신네가 은행을 운영하면 좋겠습니다. 당신들이 내 이웃이라면 좋겠습니다."

모든 제품은 유기농이어야 하고, 건강에 좋아야 하며, 어니스트티의 약속에 충실해야 한다. 그중에서 가장 주관적인 마지막 기준은 정의를 내리고 실행하기가 제일 어렵지만, 운 좋게도 두 사람에게는 진실을 감별하는 능력을 타고난 골드먼의 아내 줄리가 있다. 얼마 전 그녀는 경쟁업체의 음료수 병에 적힌 문구를 읽고 "헛소리!"라고 잘라 말했다. "이 사람들은 세상을 구하는 일에 관해 말하고 있지만, 실제로는 자기들 이야기밖에 안 해요." 골드먼은 내게 그녀의 말이 옳다고 말했다. 그녀의 진실 감별 능력은 경쟁업체가 만든 것이든 어니스트가 만든 것이든 모든 광고에 적용된다. "우리가 라벨의 문구를 만들어 줄리에게 보여주면 그녀는 '안 돼요'라고 말한다." 결국 문구는 줄리가 승인할 때까지 거듭 수정된다.

골드먼과 네일버프는 고객들과 투명한 관계를 유지하는 데 열과 성을 다하고 있다. 그들은 어니스트티의 모든 제품에 그들의 서명을 넣어서 제품에 인간성을 불어넣었다. 그래서 밤늦게까지 책상 앞에 앉아 "친애하는 세스와 배리"라고 쓰인 수많은 이메일에 답장을 보내는 것이다.

최근 자신이 사는 동네 상점에서 오퍼스라고 불리는(복숭아 우라롱에는 유명한 만화 주인공인 오퍼스가 그려져 있다_옮긴이) 복숭아 우라롱을 취급하지 않는다고 불평한 짐이라는 사람에게 골드먼은 다음과 같은 답변을 보냈다. "친애하는 짐, 오퍼스는 전국 어디에나 널려 있으며 복숭아 우라롱도 마찬가지입니다. 당신이 왜 찾을 수 없는지 알 수 없군요. 어디 사시는지 알려주십시오. 그러면 빠른 시일 내에 그 문제를 해결하도록 하겠습니다. 감사와 안부를 전합니다. 세스."

내가 이 책을 위해 인터뷰한 대부분의 사람들처럼 어니스트티의 두 창업자들 역시 일하는 것이 매우 즐겁다고 말한다. 그들은 고객의 마음을 사로잡았으며, 최근 들어 2가지 고무적인 사건들이 그 사실을 입증한다. 첫째로 5억 달러(약 591억 원)의 가치를 지니고 있으며 어니스트티에는 위협적인 존재인 존스 소다가 새로운 병입차 계열을 출시했으나 별로 인기를 끌지 못했다는 사실이다. 두 번째로 어니스트티가 시장 리더인 스타벅스 타조티보다 더 높은 판매량을 기록하고 있다는 것이다. 어니스트티처럼 빠른 속도로 성장하는 회사의 삶이 달콤하기만 한 것은 아니지만 유쾌하고 보람찬 것은 물론이요, 신선하고 상쾌하다.

고객 밀착의 법칙

당신의 메시지에 진정성을 담고 당신이 어떤 사람인지 보여주어라. 정직성을 통해 고객을 끌어들일 때에는 당신이 하는 모든 말과 행동이 고객에게 보내는 메시지와 일치해야 한다.

정직성을 통해 고객을 끌어들일 때에는 당신이 하는 모든 말과 행동이 고객에게 보내는 메시지와 일치해야 한다.

메시지를 시장에 맞춰라. 애초에 어니스트티의 약속은 몸에 좋은 음료수였으며, 건강한 식생활에 관심을 가진 사람들을 주 고객으로 삼고 있다. 이를 건강식품 체인점을 통해 판매했고, 주로 게릴라 마케팅에 의존해 상점 매니저들이 음료수 샘플을 나눠주도록 설득하고 고객들이 친구들에게 입소문을 퍼뜨려주길 기대했다. 이 공식은 효과를 발휘했다.

 그러나 시간이 지나면서 두 사람은 고객과의 관계를 형성하는 데 "차보다 정직함에 더 중점을 두고 있다"는 사실을 깨달았다. 그들의 약속은 전통적인 마케팅에 환멸을 느낀 고객들에게 투명하고 진실하게 느껴졌다. 어니스트티를 마시는 고객들은 몸에 좋은 음료수를 마실 뿐만 아니라 과장된 광고와 부정직함에 저항하고 있는 셈이었다.

나는 얼마나 많은 회사에서 진실을 왜곡하는 메시지를 내보내는지 알고 충격을 받았다. 브리티시 항공이 최근에 하고 있는 광고가 적절한 예일 것이다. 그 광고에서는 이렇게 말하고 있었다. "우리는 당신을 승객이 아닌, 손님으로 모시겠습니다. 우리는 당신이 향하는 곳만큼이나 당신의 여행이 얼마나 즐거운가를 중요하게 생각합니다. 비행은 좌석에 앉아 있는 것만이 아니라 서비스를 받는 것입니다."

이 광고가 방영될 무렵, 브리티시 항공 고객들은 런던의 히스로 공항에서 항공사상 최악의 고객 서비스를 경험하고 있었다. 브리티시 항공과 히스로 공항이 새로운 터미널을 오픈한 후 브리티시 항공 여객기 한 대가 파리를 향해 이륙했는데, 승객들의 가방을 몇 개 빠트린 정도가 아니라 아예 화물칸에 수화물을 하나도 싣지 않은 채 출발하고 말았던 것이다. 고객들은 이 소동과 관련해 아무 안내도 받지 못했다는 데 분노와 불평을 쏟아냈다. 브리티시 항공의 광고는 존재하지도 않는 서비스의 질에 관해 환상을 심어주는 대신 고객들에게 공개적으로 사과하고 현실적인 문제들을 어떻게 해결할지 알려줘야 했다. 그 편이 훨씬 정직했을 것이다.

정직성은 시장을 확장시킨다. 진정한 정직함은 고객들에게 제품이나 서비스를 제공하는 발판을 확대해줄 수 있다. 골드먼과 네일버프는 그러한 발판을 마련함으로써 차에서 과일 음료수와 봉지 주스 등의 더 넓은 시장으로, 그리고 궁극적으로 다른 종류의 제품과 서비스로 확장할 수 있었다.

고객에게서 힌트를 얻어라. 정직함을 토대로 한 발판은 고객들과 밀접한 관계를 맺고 있어야 한다. 당신은 고객들의 감정과 믿음, 욕구에 집중해야 한다. 현명하게도 어니스트티의 동업자들은 고객들에게 귀를 기울이고 원래 판매하려던 희귀한 맛의 차를 대중적인 맛으로 바꾸었다. 또한 회사의 사명을 중시한 나머지 허니부시 차가 고객의 입맛에 지나친 부담을 주게 되자 이를 철회했다. 그러나 그들은 아프리카의 농민들을 저버리지 않고 새로운 길을 모색했다.

약속을 지켜라. 고객과의 밀착된 관계는 충성심을 유지하고 싶다면 반드시 지켜야 할 약속이다. 어니스트티의 경우에는 완전한 정직함과 투명성으로 그러한 의무를 충족시켰다. 그것은 정부 승인을 받은 검사관들이 정기적으로 제조 공정 전체를 조사하고, 징부가 3.5칼로리가 함유된 제품을 제로 제품으로 홍보하도록 허용하는데도 골드먼과 네일버프는 출시를 멈추고 제품을 재고하는 방식으로 나타났다.

실용적으로 행동하라. 현실 세계에서 지나친 이상주의는 약점이 될 수 있다. 이상은 늘 현실과 균형을 이루어야 한다. 어니스트 티는 농부들이 충분한 양의 유기농 차를 생산할 때까지 모든 제품을 유기농으로 전환할 수 없었고, 한꺼번에 공정무역 방식으로 전환한다면 엄청난 비용을 떠맡을 수밖에 없었다. 그러나 골드먼과 네일버프는 차분히 기다리면서 협상과 타협을 거쳐 고객들과 공급업자들 그리고 회사의 이익에 도움이 될 방법을 발견했다.

현실 세계에서 지나친 이상주의는 약점이 될 수 있다. 이상은 늘 현실과 균형을 이루어야 한다.

Chapter 6

제6법칙
스스로가 제품의 구매자가 되라

경험에 공감을 더한 작은두손 프로덕션

마케팅의 첫 번째 원리에 따르면
신제품 출시는 목표 고객의 욕구를 파악하는
것에서 시작한다. 그런 다음에야 고객의
욕구에 맞춰 제품을 기획하는 것이다.
그러나 당신은 고객이 무슨 생각을 하는지
알 수 없고 목표 고객의 마음가짐을 주관적으로
파악하는 데 그치므로, 결국 목표를 당신의
희망사항으로 채색하게 된다. 당신은 고객들이
실제로 제품을 써볼 때까지 진짜 원하는 것은
무엇인지 깨닫지 못하고, 그 때문에
신제품은 몇 번이고 실패한다. 그제야 당신은
그 제품이 적절치 않다는 사실을 깨닫는다.

누구에게나 가능한 일은 아니지만, 한 가지 해결책이 있다. 고객이 무슨 생각을 하는지 들여다보기 위해 그들의 머릿속에 들어가는 대신 스스로가 고객이 되는 것이다. 마케터가 고객의 삶과 기대에 공감하고 똑같이 느낄 때, 마케터와 고객의 인식은 일치하고 신제품은 성공하게 된다.

이런 형태의 고객 밀착과 관련하여 내가 알고 있는 가장 감동적인 예는 수화를 아이들과 가족들이 즐길 수 있는 언어로 전환시킨 혼합 매체 회사 작은두손 프로덕션이다. 자녀를 키우고 있는 기업가 정신이 넘치는 두 자매는 자신들의 경험을 다른 엄마들과 공유하기 위해 회사를 세웠다. 그들 중 일부는 청각장애를 지닌 자녀들을 키우고 있었고, 일부는 수화가 모든 아이들에게 도움이 된다고 믿었다. 작은두손 프로덕션의 경우 고객 밀착은 무척 자연스럽고 심오하게 이루어졌기 때문에 마케터와 고객 사이의 경계가 거의 없다. 회사는 자녀를 둔 엄마들을 돕는 다른 엄마들이었을 뿐이고, 그 과정에서 전국적으로 비즈니스를 벌이게 된 것이다.

이야기는 뮤지션이자 포크록 밴드의 일원이었던 레이첼 콜먼과 그녀의 남편 애런에게서 시작된다. 1996년, 콜먼 부부는 방실거리며 웃는 그들의 아기 리아에게 푹 빠져 있었다. 머릿속은 온통 아이 생각으로 가득했다. 레이첼은 아이를 자주 공연장에 데려갔는데, 아이는 엄마가 시끄럽게 연주하는 동안에 잠이 들곤 했다. 리아에게는 돌볼 사람이 필요 없었다. 아기는 온 동네를 깨울 만큼 시끄러운 악기와 노래와 함성 소리에도 아랑곳하지 않고 늘 죽은 듯이 잠들었기 때문이다.

리아가 어떤 소음에도 깨지 않고 잠을 잔다는 것은 어딘가 이상했다. 리아의 부모가 아이의 청각에 문제가 있다는 사실을 깨달은 것은 리아가 이미 한 살이 됐을 때였다. 리아의 장애 정도는 매우 심각했다. 리아는 아무것도 들을 수 없었고, 엄마의 노래조차 들을 수 없었다.

콜먼 부부는 좌절하지 않았다. 그 순간부터 그들의 삶은 180도 바뀌었다. 레이첼은 내게 "우선순위가 바뀌었다"고 말했다. 소니 앤드 셰어에서 잭슨 파이브에 이르기까지 다양한 음악가들과 함께 일한 작곡자의 딸로 태어난 레이첼에게, 음악이란 삶의 일부

제품 개관

수화 시간 시리즈 1, 2(DVD 26장)
추천 연령: 1~8세+

수화 시간과 함께 미국식 수화(ASL)를 배우며 놀고 노래하고 손가락을 움직여요. 우리의 다감각 교육 DVD 시리즈는 아이들에게 "손으로 말하는" 제2의 언어를 가르칩니다. 수화 시간 시리즈에서는 레이첼 콜먼과 그녀의 딸이자 청각 장애인인 리아, 알렉스(리아의 사촌, 소리를 들을 수 있는 아동), 만화 캐릭터인 애완 개구리 홉킨스와 함께 일상생활에 유용한 수백 개의 미국식 수화 어휘들을 배울 수 있습니다. DVD 콘텐츠는 학습 영역, 독창적인 노래, 유쾌한 애니메이션, 그리고 각 상황에 맞는 가족들의 수화 시범 등으로 구성되어 있습니다.

베이비 수화 시간 시리즈(DVD 4장)
추천 연령: 3~36개월

아기들은 걷기 전에 기어 다니고, 말하기 전에 수화를 합니다. 베이비 수화 시간을 이용하면 아기들은 말을 배우기 훨씬 전부터 간단한 수화로 원하는 것을 표현할 수 있습니다. 에미상 후보에도 오른 바 있는 레이첼 콜먼과 리아, 알렉스와 아기 홉킨스가 출연하는 베이비 수화 시간은 유익한 노래를 통해 일상생활에서 유용하게 쓰이는 100가지 이상의 수화를 배울 수 있게 해줍니다.

연습 시간 시리즈(DVD 2장)

"연습 시간 ABC"과 "연습 시간 123"은 수화 시간의 스타 레이첼 콜먼과 함께 퀴즈를 풀면서 알파벳과 지문자, 숫자 계산을 연습할 수 있는 독특한 DVD입니다. 연습 시간 DVD는 수화 시간 시리즈의 보조물로, 또는 단독으로 활용할 수 있습니다.

수화 시간 음악 CD

수화 시간과 베이비 수화 시간 시리즈에 사용된 독특한 음악들을 CD로 들을 수 있습니다. 노래들은 CD 형태로 구입하거나 MP3 형태로 다운로드할 수 있습니다.

수화 시간 보드 북과 플래시카드

간단히 활용할 수 있는 책과 플래시카드는 미국식 수화를 연습하는 동시에 독서 능력을 키우는 데 유용합니다. 단독으로, 또는 수화 시간 DVD의 보조물로 사용할 수 있습니다.

작은두손 프로덕션의 제품들은 고객들의 깊고 강력한 욕구에 부합한다. www.signingtime.com을 방문한 사람들은 누구나 한 가족이 된 듯한 유대감을 느낄 수 있다.

분이었다. 그러나 그녀에게는 음악을 할 만한 여유가 없었다. 리아가 들을 수 없다면 레이첼은 노래와 연주와 작곡을 포기할 생각이었다. "나는 기타를 내려놓고 수화를 시작했다."

주변 사람들은 수화를 배운 아이들이 평생 말하는 법을 배우지 않을지도 모른다고 걱정했다. 그러나 레이첼과 애런은 가능한 한 빨리, 어떤 형태로든 아이와 의사소통을 하고 싶었다. 이미 다른 아이들보다 1년이나 늦었기에 머뭇거릴 시간 따위는 없었다.

콜먼 부부는 영어를 직접 수화로 전환하는 방식을 가르치기 시작했다. 그러나 부부에게는 유용할지 몰라도 리아에게는 아무 의미도 없었다. "리아는 그것을 이해하지 못했다. 아이는 영어를 몰랐다." 그러한 사실은 레이첼이 "리아, 빨간 차를 봐"라고 수화를 했을 때 더욱 명백해졌다. '보라'라는 수신호에는 원하는 방향을 가리키는 동작이 포함되어 있었다. 그래서 리아는 그 수화를 보자 빨간 차가 있는 쪽을 멍하니 바라보기만 했다. 그러나 레이첼이 "리아, 보렴, 빨간 차" 하고 손짓하자 메시지가 전달되었다. 그래서 레이첼은 미국식 수화를 사용하기로 했다. 미국식 수화는 농아들의 세계에 적합한 문법을 사용한다. 레이첼과 애런은 청각장애인인 친구의 도움을 받아 곧 미국식 수화를 마스터할 수 있었다.

보통의 아기들이 욕구를 표현하기 위해 손가락질을 하거나 찡찡거리는 생후 15개월이 되었을 즈음, 리아는 "엄마, 나 구운 치즈 샌드위치와 초콜릿 우유 먹고 싶어. 고마워. 사랑해"라는 의사표현을 할 수 있었다. 리아가 두 살이 되자 리아와 부모들은 수월하게 의사소통을 할 수 있었고, 리아의 어휘 능력은 급격히 늘어서 글을 읽는 단계에 이르렀다. 다른 평범한 아이들이 글을 배우는 시기와 비교해보면 놀랍도록 빠른 발전이었다.

레이첼의 동생인 에밀리 브라운과 그녀의 남편 데릭은 리아의 발달에 깊이 감명 받았고, 두 사람의 젖먹이 아들 알렉스가 사촌 누나 리아와 대화할 수 있도록 수화를 가르치기로 했다. 에밀리는 아기 알렉스에게 '우유', '더', '엄마', '아빠', '잠자다'와 같은 간단한 수화를 가르쳤다. 알렉스는 생후 9개월이 되자 수화로 반응하기 시작했다. 에밀리는 정말이지 신기한 일이었다고 회상했다. 알렉스는 부모가 바라는 것보다 무려 1년이나 빨리 진정한 의미의 인간으로 자라고 있었던 것이다. "수화를 배우면 당신의 아기가 어떤 아이인지, 그리고 아이에게 무엇이 중요한지 알게 된다. 내 아이가 실제로 좋아하는 것은 우유가 아니라 오렌지주스라는 사실을 알게 된다." 그녀는 연구 결과 수화가 아이들의 지능을 향상시키고 발달을 촉진한다는 사실이 밝혀졌다고 말한다. "그러나 진짜 효과는 일상생활에서 알 수 있다. 당신의 아이는 당신과 의사소통을 할 수 있게 되고, 당신은 아이가 무언가를 배우고 있음을 알게 된다." 부모에게 그것은 순수한 기쁨이다.

다른 부모들이었다면 그러한 불운만으로도 충분히 힘겨웠겠지만, 콜먼 부부에게는 그것도 부족한지 더욱 심각한 미래가 기다리고 있었다. 리아가 세 살 때 레이첼이 임신했다. 초음파 검사 결과 뱃속의 아기가 척추에 틈이 생겨 마비되는 척추이분증에 걸려 있다는 사실이 드러났다. 레이첼은 자궁 내 수술을 받았고, 10주 후 리아의 여동생 루시가 태어났다. 루시는 다리의 감각만 조금 무딜 뿐 정상아처럼 보였다. 9개월 후, 루시는 뇌성마비 진단을 받았다. 끔찍한 일이었다. 그러나 천성적으로 긍정적인 레이첼은 희망을 버리지 않았다. 그녀는 반응이 없는 아이에게 계속해서 말을 걸고 노래를 불러주고 책을 읽어주었다. "아이의 몸은 굳어 있었지만 나는 그 안에 루시가 있다는 것을 알고 있었다."

다음번 도약은 리아가 네 살 때 이루어졌다. 자매들과 가족은 로스앤젤레스에서 이웃집에 살고 있었다. 세 살이 된 알렉스는 리아와 함께 청각 장애아들을 위한 유치원에 다녔다. 레이첼은 말했다. "나와 친한 몇 사람을 제외하면 수화를 아는 사람이 거의 없었다. 대부분의 사람들은 리아에게 겁을 먹었다. 어른들도 그랬다." 리아는 다른 아이들의 생일파티에 초대 받지 못했다. 다른 아이들의 부모들이 리아가 언제 배가 고픈지, 아니면 화장실에 가고 싶은 건지 알 수 없어 두려워하기 때문이었다. 아이들은 리아와 함께 놀기를 꺼렸다. 리아는 그 애들의 말을 듣지 못했고, 아이들은 리아의 수화를 이해하지 못했기 때문이다. 한 소년은 리아가 바로 옆에 앉아 있는데도 축구 코치에게 연습 때 리아와 짝이 되지 않게 해달라고 졸랐다. "내가 무슨 말을 하는지 모르고, 말도 못한단 말이에요." 다행스럽게도 리아는 소년이 코치에게 뭐라고 말하는지 듣지 못했지만, 레이첼은 그 옆에서 딸에게 상처 주는 말들을 가까스로 참아내고 있었다.

레이첼은 현실적이어서 화를 내지는 않았지만, 네 살 난 딸은 분명 사회에서 소외되고 있었다. 그런 상황은 리아가 자랄수록 점점 악화될 것이다. 레이첼은 "어떻게 하면 이런 현실을 바꿀 수 있을까?"라고 자문했다. 그녀는 정상적인 아이들이 다니는 동네 유치원에서 자원봉사 삼아 간단한 수화를 곁들여 이야기 수업을 진행했다. 몇 주도 안 돼 예전에는 리아의 수화를 멍하니 쳐다보기만 했던 아이들이 리아를 놀이에 끼워주기 시작했다. "'놀자'와 '친구'라는 두 개의 수화가 아이들의 세계를 완전히 바꿔놓았다. 그것을 보았을 때 정말 짜릿한 기분이 들었다."

그러나 문제가 있었다. 레이첼이 리아의 곁에서 이런 식으로 도와주지 않으면 어떻게 될 것인가? "평생 동안 그 짓을 할 수는 없었다. 아이를 따라다니면서 그 애가 만나는 모든 애들에게 수화를 가르칠 수는 없는 노릇이다."

그즈음 에밀리와 그녀의 가족들이 버지니아로 이사 갔다. 두 자매는 날마다 장거리 전화 통화를 하는 것으로 만족해야 했다. 그러던 어느 날 에밀리의 머릿속에 아이디어가 떠올랐다. 우리가 둘 다 가지고 있는 음악적 배경과 지식을 사용해서 아이들을 위한 비디오를 제작하면 어떨까? 음악을 사용해 아이들을 교육시키면? 게다가 그것은 두 자매가 다시 뭉칠 계기가 될 것이다.

레이첼이 깨달음을 얻은 것은 바로 그때였다. "좋은 생각이야. 하지만 우린 먼저 수화를 가르쳐야 해."

에밀리는 내게 말했다. "처음에는 무슨 소리인가 당황했다. 하지만 곧바로 '바로 그거야!'라는 말이 저절로 튀어나왔다." 에밀리는 청각장애가 없는 젖먹이나 걸음마를 막 시작한 아기들에게 수화를 가르친 젊은 엄마들을 많이 알고 있었는데, 특히 아이들이 말로 의사소통을 하기 훨씬 전부터 손과 손가락을 사용해 의사를 전달할 수 있음을 보여주는 연구 결과로 인해 이런 실험이 힘을 얻고 있었다. 수화는 부모와 아이들이 손장난을 하는 것처럼 재미있고 자연스러웠다.

에밀리는 레이첼의 아이디어가 "리아의 세계를 변화시키는" 매우 강력한 방법이라는 사실을 깨달았다. 비디오를 이용하면 리아와 같은 농아들에게 의사소통의 범위를 크게 확장시키는 한편 정상 아동들의 부모들에게까지도 수화를 가르칠 수 있었다.

'수화 시간, 내가 배운 첫 번째 단어'를 제작하는 데 1년이 걸렸다. 처음에는 가르칠 단어를 큰 소리로 말하고 메시지를 강화하기 위해 철자를 차근차근 쓰면서 두 아이들에게 수화를 가르칠 계획이었다. 시범을 보이고 나면 해당 단어의 애니메이션과 그것을 수화로 반복해서 표현하는 아이들의 이미지가 이어진다.

그러나 자매는 처음 비디오를 편집하는 과정에서 아직 세 살과 네 살에 불과한 알렉스와 리아가 30분짜리 비디오에서 다른 사람들을 가르치는 역할을 하기에는 너무 어리다는 사실을 깨달았다. 그래서 공연으로 다져진 목소리로 환하게 웃는 레이첼이 중심 인물로 등장해 새로운 수화 어휘를 소개하고 사회자 노릇을 하기로 했다.

프로덕션 회사를 운영하던 에밀리의 옛 회사 동료가 비디오 제작에 도움을 주었다. 막 나온 따끈따끈한 비디오를 포장하려는 찰나, 에밀리가 레이첼에게 노래와 음악을 빼기로 한 결정을 재고해달라고 부탁했다. "언니가 더 이상 가수도 연주자도 작곡가도 아니라는 거 알아. 그래도 우리 중에선 언니가 그런 사람에 제일 가까워. 그러니까 우리한테 주제곡을 작곡해줘." 이 부탁을 거절할 수 없었던 레이첼은 기타를 들고는 루시를 데리고 옆방으로 들어갔다. 25분 뒤, 그녀는 노래 두 곡을 들고 나타났다. 첫 번째 주제곡은 비디오와 똑같은 제목이었고, 두 번째 노래는 '손으로 말해줘'라는 제목이었다. "네가 거기 있다는 걸 보여줘. 의사선생님 말이 틀리다는 걸 보여줘. 네가 괜찮다고 말해줘. 날 사랑한다고 말해줘. 지금 내 생각을 하고 있다고 말해줘. 네가 밤낮으로 생각하는 것들을 들려줘. 행복하다고 말해줘. 우리가 웃는 걸 좋아한다고 말해줘. 자, 어서 말해봐." 가사는 애절했다. "오, 조금만 더 말해줘. 손으로 말해줘. 손으로 말해줘." 주제곡은 즉석에서 사람들의 갈채를 받았고, '손으로 말해줘'는 모든 사람들의 눈에 눈물이 고이게 했다. 자매들은 비디오가 끝나고 크레딧이 올라가는 부분에 '손으로 말해줘'를 삽입하기로 했다. 고객 밀착의 강력한 도구인 진정성이 발휘된 것이다.

첫 번째 비디오를 발표하기 한 달 전인 2002년 4월에 레이첼은 루시를 팔에 안고 집에서 그 비디오를 보고 있었다. 비디오가 끝나자 갑자기 루시가 한쪽 주먹을 다른 쪽 주먹에 부딪쳤다. 그것은 '더'라는 의미였다. 레이첼은 딸의 손짓을 보고 경외감에 사로잡혔다. "루시는 힘을 주어 손을 벌리더니 손가락을 움직여 수화를 시작했다. 그러더니 말문이 트였다." 레이첼은 회상했다. 한 엄마의 소원이 이루어진 것이었다. 그녀는 곧 루시의 성공이 수화 비디오가 나아갈 새로운 시장을 가리키고 있음을 깨달았다. 발달지체 장애아와 다운증후군 및 다른 특수 질병을 지닌 아이들도 수화의 혜택을 누릴 수 있었던 것이다. (오늘날 여덟 살이 된 루시는 휠체어에 앉아 있지만 수화와 영어 모두를 유창하게 쓸 수 있으며, 적극적이고 행복한 콜먼 가족의 일원이 되었다.)

레이첼은 처음에는 100개의 비디오를 만들어 아는 사람들에게 나눠주고 주변 세계를 조금 바꾸는 것만으로도 만족했다고 말했다. 하지만 기업가적 기질이 충만했던 에밀리는 처음부터 야무신 꿈을 꾸고 있었다. 그중에는 '수화 시간'의 훌륭한 약속도 포함되어 있었다. "여러분은 자녀들과 함께 이 비디오를 보겠지요. 우리는 여러분의 자녀들이 더욱 똑똑해질 것이라고 약속할 필요가 없어요. 일단 이것을 보고 나면 여러분도 곧 알게 될 것이기 때문이지요. 우리가 우리 아이들을 통해 느낀 것처럼 말이죠." 그래서 자매들은 작은두손 프로덕션을 설립하고 아마존닷컴과 제휴하여 비디오를 판매할 웹사이트 Signingtime.com를 제작했다.

얼마 지나지 않아 아마존 고객들이 수화 시간 비디오에 대해 이야기하고 소문을 내기 시작했다. 애런 콜먼은 아내를 돕기 위해 공원 관리직을 그만두고 프로덕션 팀에 합류해 제품을 촬영하고 편집에 몰두했다. 그렇지만 창업 자본이 없어서 촬영 첫해에는 사정이 매우 어려웠다. "신용카드와 친구들, 가족들의 도움으로 가까스로 고비를 넘길 수 있었다"고 에밀리는 말한다.

대대적인 돌파구는 2003년에 NBC 투데이 쇼가 레이첼과 '수화 시간'에 관해 보도하면서 열렸다. 다행히 자매들은 NBC가 그들에 관한 기사를 준비하고 있다는 사실을 6개월 전부터 알고 있었고, 덕분에 늘어날 제작과 주문에 대비할 수 있었다. 그런데도 그들은 프로그램이 방영된 후 쏟아져 들어온 주문량에 깜짝 놀랐다. 그날 '수화 시간'은 아마존닷컴에서 '나의 그리스식 웨딩'과 '해리 포터'를 밀어내고 비디오 부문 1위를 차지했다. 또 레이첼은 〈레이디스홈저널〉과 인터뷰를 했는데 그 기사는 회사와 자매 설립자들과 가족, 비디오 제작에 관한 실화를 알렸고, 이로 인해 언론 매체의 인터뷰가 쏟아지면서 더욱 폭넓은 사람들에게 그들의 존재를 알리게 되었다.

2006년 작은두손 프로덕션은 310만 달러의 매출을 올렸고, 3년 간 500퍼센트 성장을 이루면서 실질적인 비즈니스로 변모했다. 레이첼과 에밀리는 장애아들의 보조물로만 여겨졌던 수화를 모든 아이들이 공유하는 공통된 도구로 바꾸면서 아이들에게 인생과 배움의 문을 활짝 열어주었다. 그리고 그 모든 과정에서 그들은 늘 자신들의 경험과 확신과 본능에 충실했다. 자매는 진정한 자신을 통해, 그리고 고객들과의 밀착 관계를 공고히 하는 진정성을 통해 수익을 얻었다. 레이첼이 내게 말해준 마케팅 전략이라고는 "리아의 필요와 욕구를 채워주기 위해, 또는 그 아이에게 더욱 알맞게 세상을 변화시키기 위해 내가 무엇을 해야 할까?"가 전부였다. 레이첼은 "리아만을 위한 것만은 아니었다. 그것은 다른 가족들을 위한 것이었다. 그러나 우리 가족의 필요 또한 충족시켜주었다"고 말한다.

레이첼과 에밀리는 장애아들의 보조물로만 여겨졌던 수화를 모든 아이들이 공유하는 공통된 도구로 바꾸면서 아이들에게 인생과 배움의 문을 활짝 열어주었다.

NBC 투데이 쇼가 자매들의 이야기를 완벽한 홍보 전략으로 뒤바꾼 그때의 사건을 되돌아보며, 에밀리는 작은두손의 매력이 무엇인지 지적했다. 그것은 고객과의 밀접한 관계 형성과 그에 따른 신뢰다. 실제로 그들의 고객은 회사의 주인을 자신들과 같은 고객으로 인식했다. "우리는 스스로 우리 회사의 소비자였다. 다른 이들과 차이를 만든 것은 레이첼의 삶에서 비롯된 우리 제품의 유기적인 특성이었다. 그것은 흔히 볼 수 있듯이 '이봐, 시장이 원하는 것을 만들어볼까?'라는 식이 아니었다. 우리의 성공은 우리에게 중요한, 정말로 중요한 무언가를 만드는 일에서, 그리고 그것을 우리와 똑같은 처지에 있는 다른 부모들과 공유하면서 이뤄진 것이다."

작은두손 프로덕션의 미래는 어찌 될까? 자매들은 알지 못한다. 에밀리는 말한다. "이것이 얼마나 오랫동안 알렉스와 리아에게 도움이 될지, 그리고 시장을 만족시키기 위해 얼마나 많은 에피소드를 제작해야 할지, 확실히 알지 못한다."

무엇을 하기로 결정하든 자매들은 그것이 자신들의 경험에서 우러나오는 것이어야 한다고 생각했다. "우리는 우리에게 필요한 것들을 만들었고, 그것은 효과가 있었다. 우리는 우리에게 무엇이 필요한지 알고 있었고, 평범한 엄마들과 다를 바가 없었기 때문이다." 물론 TV 쇼를 제작하는 동안 그들은 전문가 및 고문들과 상담했다. "여러 가지 문제가 있기 때문에 이 세계의 방식에 맞춰야 한다. 하지만 몇몇 연구자들이 특정한 방식을 주장한다고 해서 그것에 따른다면, 재미가 없거나 올바르게 느껴지지 않거나 진심으로 다가오지 않고 우리 아이들에게 효과가 없다면, 우리는 다른 것을 시도할 것이다." 마지막으로 그녀는 이렇게 말했다. "우리에게는 효과적일 거라고 말해줄 연구원들이 필요 없다. 우리는 이미 무엇이 효과적인지 알기 때문이다."

고 객 밀 착 의 법 칙

감정이입은 이득이 된다. 스스로 제품이나 서비스의 고객이 될 때 얻을 수 있는 가장 큰 이점은 자연스레 다른 고객들과 공감할 수 있다는 것이다. 당신은 그들이 무엇을 경험하고 있는지, 그들의 욕구와 필요를 이해한다. 그리고 다양한 제품들이 어떻게 그러한 욕구를 충족시키는지(혹은 그렇지 못하는지)에 대해 지극히 민감하다. 이는 고객 밀착 전략이 어떻든 간에 모든 제품과 서비스 개발자에게 중요한 원칙으로 작용할 것이다.

실제로 나는 고객들에게 적대감을 느끼는 회사들을 본 적이 있다. 그들은 고객들이 너무 까다롭고 요구가 지나치며 인색하다고 여겼다. 이는 기업 대 기업 간 거래에서 흔히 볼 수 있는 불운하고도 무익한 관계다. 자동차 제조업체와 부품 공급업체와의 관계, 정확히 말하자면 그들의 관계 부족을 생각해보라. 이러한 대립은 두 당사자들이 이익을 극대화하는 것을 방해한다. 그들은 서로에게 공감하지 못한다. 둘 중 하나가 망한다고 해도 서로를 몰아붙여 상대방에게서 가능한 한 많이 우려내려 할 뿐이다.

고집 센 디트로이트의 중역이 작은두손 프로덕션에서 감정이

입에 관해 무엇을 배울 수 있을지 생각해보라. 고객들을 자신과 다른 계급이나 문화적 배경을 지닌 이방인으로 여기지 마라. 고객이나 공급업자들을 속이거나 부당하게 이득을 취하지 마라. 모든 사람들의 가치관과 기대를 파악하고 존중하라. 그리고 갈수록 복잡해지는 이 세상에서 모든 사람들을 친구나 순교자로 대접하라.

고객들을 자신과 다른 계급이나 문화적 배경을 지닌 이방인으로 여기지 마라. 고객이나 공급업자들을 속이거나 부당하게 이득을 취하지 마라. 모든 사람들의 가치관과 기대를 파악하고 존중하라. 그리고 갈수록 복잡해지는 이 세상에서 모든 사람들을 친구나 순교자로 대접하라.

고객의 머릿속에 들어가게 되면 그다음에는 약간 거리를 두어야 한다. 고객과 너무 가까이 있을 때에는 균형 감각을 상실하기 쉽다. 레이첼과 에밀리는 청각장애 아이들과 그들의 욕구와 필요를 깊이 이해했기에 성공을 거둘 수 있었다. 그러나 또한 시장에서 통하는 것을 알기 위해 한발 뒤로 물러났다. 그들은 오직 그들의 욕구와 필요에 의해서만 사업을 한 것이 아니다. 그들은 다른 사람들의 입장에서 생각했다.

고객의 입장이 되고 나면 당신의 직관과 본능을 신뢰하라. 이것이

레이첼과 에밀리가 사업을 운영하는 방식이다. 당신에게는 언제나 많은 전문가가 충고를 해줄 준비가 되어 있다. 그들의 견해가 당신이 알고 있는 것들을 토대로 형성되었음을 명심하라. 어쩌면 당신은 그들보다도 더 많은 것들을, 혹은 사업에 손쉽게 적용할 수 있는 것들을 알고 있을지 모른다. 어쩌면 전문가의 지식이 상황에 맞지 않을 수도 있다. 특히 레이첼과 에밀리처럼 새로운 영역에 뛰어들었을 때는 말이다.

전문가의 조언을 들을 때에는 반드시 자신의 경험과 직관에 비춰 판단하라. 당신이 그들의 의견에 동의하지 않는다면 절대로 침묵하지 마라. 충고하는 이들과 논쟁하라. 진실은 당신과 다른 사람의 생각 중간의 어느 지점에 놓여 있을 것이다. 비즈니스를 성공적으로 유지하고 싶다면 가능한 한 고객들의 진실에 집중해야 한다.

전문가의 조언을 들을 때에는 반드시 자신의 경험과 직관에 비추어 판단하라. 당신이 그들의 의견에 동의하지 않는다면 절대로 침묵하지 마라. 충고하는 이들과 논쟁하라. 진실은 당신과 다른 사람의 생각 중간의 어느 지점에 놓여 있을 것이다.

아이디어가 위대한 목적의식에서 비롯되었더라도 그것을 상업화할 수 있다. 어쩌면 상업화는 위대한 아이디어를 낳은 위대한 목적에 위배되는 듯 보일지도 모른다. 그러나 시장에 제품이나 서비스를 내놓고 그것을 뒷받침하는 사업을 운영하지 않는 한 당신의 아이디어는 누구에게도 도움을 주지 못한다. 돈을 벌고 수익을 올리는 행위는 결코 잘못된 것이 아니다. 올바른 일을 하기 위해 회사를 창업할 때도 마찬가지다. 성장하는 비즈니스에 투자하기 위해서는 이윤이 필요하며, 초과 이윤으로 무엇을 할 것인지 자유롭게 결정할 수 있다. 다시 말하지만, 상업화와 윤리적 또는 사회적 목적은 공존할 수 있다.

Chapter 7

제7법칙
고객의 놀이터를 마련하라
제품이 아닌 소통의 장을 판매한 빅그린에그

그것은 일명 빅그린에그라고 불린다.
그리고 정말로 그렇게 생겼다. 커다란 초록색 계란의
표면에는 옴폭 패인 곰보 자국이 있고,
달걀 아래쪽 끝은 약간 잘라내 호리호리한
금속 다리를 붙여 세워놓았다. 애착을 갖기에는
조금 이상해 보이는 물건이다. 그런데도
수십만 명의 에그헤드들은 그것이 어디에 내놓아도
손색없는 최고의 바비큐 그릴이자 훈제 도구라고
말하고 싶어 안달이 나 있다.

만약 미국인 중에 에그에 관해 들어본 적이 없다면, 친구나 친척이나 이웃들 중에 에그를 갖고 있는 사람이 없다는 의미다. 에그 헤드들은 지칠 줄 모르는 프로모터들이다. 그들은 누구에게나 고대 동양의 디자인을 차용한 세라믹 쿠커가 스테이크와 생선, 햄버거에서부터 양지머리 구이, 훈제고기, 옥수수빵, 심지어 체리파이에 이르기까지 어떤 음식이건 요리할 수 있는 가장 좋은 도구라고 열렬히 주장한다. 실제로 에그는 에드 피셔의 인내심뿐만 아니라 그의 숙달된 기술을 증명하는 기념비와도 같다. 바로 에그의 디자인과 고객들이 주변 사람들에게 제품을 추천하도록 설득하는 능력 말이다. 이러한 형태의 고객 밀착은 큰 노력이 필요하고 느리게 발전하는 경우가 많다. 그러나 적절한 제품에 적용된다면 놀라운 마법이 일어난다.

1974년에 사업을 시작한 피셔는 집요할 정도로 끈기를 발휘하여 그린 에그 컴퍼니BGE의 고객 명단을 제품에 만족한 고객들로 한 번에 한 사람씩 채워갔다. 처음에 그는 애틀랜타에 있는 그의 상점에 들른 손님들에게 제품을 보여주며 조금씩 물건을 개선시켰다. 그런 다음에는 무역박람회와 업계 모임에서 만난 유통업자들에게 샘플을 나눠주기 시작했다. 샘플을 시험해본 모든 사람들이 피셔의 마법에 넘어갔다. 아니, 그보다는 그가 만든 사랑스러울 정도로 별난 요리도구인 쿠커의 마법이라고 해야 할 것이다. 그 결과 쿠커로 만든 먹음직스러운 음식에 반한 자칭 에그 헤드들이 늘어나면서 점차 수많은 에그 숭배자들을 끌어들이게 되었다.

그 과정에서 피셔는 제품을 손질하고 향상시켜 마침내 전국적으로 판매할 수 있게끔 개발해냈다. 그러나 그때에도 그는 대중 마케터들에게 소중한 작품을 맡기지 않았다. 그의 소중한 에그를 다룰 수 있도록 허락된 사람들은 오직 피셔의 독특한 장치를 사용하고 돌보며 고객들을 교육시킬 수 있는, 신중하게 선택된 전문 소매상들뿐이었다.

도대체 피셔를 제외한 그 누가 이런 이상한 제품과 별난 마케팅 전략으로 회사를 엄청난 속도로 성장시킬 수 있으리라 생각했겠는가? 그러나 비공개 회사인 BGE는 이를 해냈다. 두 자리 수의 매출 성장은 해를 거듭하며 두 배로 늘어났고, BGE는 가마

For every occasion and all your smoking and grilling needs

에그토버페스트
(EGGtoberfest, 에그 요리 축제로 독일의 10월 맥주축제 옥토버페스트를 본 따 지은 이름 옮긴이)

에그 사용 경험을 구체적으로 보여주는 짧은 영상을 보시려거든 여기를 클릭하십시오!

에그토버페스트는 매년 10월 세 번째 주말 애틀랜타에서 열리는 축제입니다. 이 축제는 1998년에 빅그린에그가 정기적으로 포럼에 접속하고, 채팅하고, 요리법과 경험을 공유하고, 친분을 쌓고 친구가 된 단골 고객들에게 고마움을 전하고자 개최한 행사에서 유래했습니다. 수많은 사람들이 그들의 온라인 '가족들'을 만나고 싶어 했고, 그래서 에그토버페스트는 그들 모두가 한자리에 모여 에그 페이지에 게시된 요리법 중 가장 좋아하는 것을 선택해 요리하고 자유롭게 맛보고 달고 쓴 인생 경험에 관한 이야기를 주고받을 기회를 제공하게 되었습니다. 행사가 열린 첫해 애틀랜타의 아메리카 리전 홀에서 개최된 야외 요리 모임에는 100명의 빅그린에그 개척자들이 참석했습니다. 15명의 요리사들이 에그를 이용해 요리를 선보였지요. 이렇게 만나고, 인사하고, 먹는 이벤트는 커다란 성공을 거두었고 최초의 에그토버페스트 축제가 되었습니다.

2008년 에그토버페스트를 놓쳤더라도 다음 해에 열리는 에그토버페스트에 참가하기에는 아직 늦지 않았다. www.biggreenegg.com을 방문해 에그 사용 경험 비디오를 보라.

도kamado 요리 시장을 지배하고 있으며, 빅그린에그닷컴에서는 자사를 "전 세계에서 가장 큰 세라믹 쿠커 제조업체이자 유통업체"라고 묘사하고 있다. 피셔는 2008년에는 2007년의 매출을 넘어 또 다른 획기적인 성과를 달성하게 될 것이라고 말했다.

결함이 있는 기적의 옹기

빅그린에그 스토리는 일본에서 시작된다. 일본을 방문한 피셔는 처음으로 가마도 식으로 조리한 음식을 맛보았다. 4000년 동안 발전을 거듭하며 완성된 기법인 가마도는 옹기나 흙구덩이를 이용해 육즙이 그대로 남아 있게 음식을 조리하는 방식이다. 금속 그릴에 바비큐를 하는 미국식 전통에 익숙해져 있던 피셔는 일본식 요리와 편리한 조리법에 매혹되었다. 미국으로 돌아온 그는 옹기 쿠커 사업을 시작하기로 결심했다. 1970년대 당시에는 많은 일본 제품이 미국으로 진출하고 있었다. 피셔는 일본의 가마도 옹기를 수입해 판매하기 시작했다.

"나는 가게 앞에서 제품을 이용해 직접 시범을 보였다. 옹기로 음식을 요리하고 지나가는 사람들에게 시식을 권했다." 그것은 마케팅을 할 자본이 없는 사람에게 대중에게 익숙하지 않은 개념을 소개하고 잠재 고객들의 신뢰를 높일 수 있는 좋은 방법이었다. 숯불을 때는 가마도는 음식을 맛있게 조리할 뿐만 아니라 음식을 준비하거나 요리하거나 설거지하기에도 편리하고 간편했다. 사람들은 이 기적의 용기를 사랑했고, 곧 친구들에게 소문을 퍼트리기 시작했다. 그러면 친구들은 피셔의 가게에 와서 가마도를 집어 들었다. "모든 사용자들이 나를 위한 세일즈맨이 되어주었다"라고 그는 말한다.

그렇다고 가마도가 즉각 성공을 거둔 것은 아니었다. 일대일 판매는 제품을 마케팅하기에는 너무 힘들고 수고스러운 방법이었다. 더불어 옹기는 내구성이 약했고 결함이 있었으며 정성 어린 관리가 필요했다. 피셔는 사업 확장을 꺼렸다. 애초에 조리 도구 수입과 판매는 피셔가 하려 했던 사업이 아니었다. 적어도 피셔의 말에 의하면 다른 도시에 가게를 낼 만큼 크게 확장할 만한 사업은 아니었다. 피셔는 훌륭한 고객 서비스라는 자신의 평판을 아주 민감하게 의식하고 있었고, 자신이 지금 판매하는 것처럼 결함이 있거나 약한 제품들은 고객들의 불평이나 해결하기 어려운 문제를 일으키게 마련이라는 사실을 알고 있었다. 정말 성장하고 싶다면 쿠커는 진화해야 했다.

그리하여 적당한 제조업체를 구하고 기나긴 설계 과정을 거쳐 완벽한 쿠커를 디자인하는 10년에 걸친 모험이 시작되었다. 쿠커는 단순한 옹기에서 NASA 프로그램에서 사용하는 것과 같은 더욱 견고하고 열에 강한 세라믹으로 바뀌었다. 열성 고객들은 피셔가 최고의 디자인을 내놓을 수 있도록 도움을 아끼지 않았다(BGE는 오늘날까지도 제품 디자인과 개선에 고객을 참여시키고 판매업자들에게 피드백을 요청한다). 고객들은 요리 경험을 공유하고 개선점을 제안했다. 그 모든 과정을 거쳐 최후의 순간 조립 라인에서 완성되어 모습을 드러낸 것이 에그였다. 당시만 해도 지금처럼 '초록색'은 아니었지만, 그것은 회사가 설명하듯 "미국인이 디자인한 독창적인 세라믹 쿠커"였다.

개선된 쿠커는 여전히 숯을 이용한다(피셔는 조개탄이 아니라 천연 참나무 숯을 추천한다). 에그에 불을 붙이고 10분만 기다리면 온도는 750도까지 상승해 근사한 스테이크를 구울 수 있다. 게다가 통풍구와 통풍 조절 장치 덕분에 200도의 낮은 온도에서도 요리할 수 있다. 두꺼운 세라믹 내벽은 열을 매우 잘 유지하기 때문에 24시간 동안 숯을 더 넣지 않고도 음식을 익히거나 훈제할 수 있고, 내부 온도를 알기 쉽도록 외부에 온도계가 부착되어 있으며, 온도 조절 장치가 달려 있어 몇 도 내의 오차 범위 내에서 일정한 온도가 유지된다.

이제 에그는 23센티미터 직경의 그릴이 달린 미니에서부터 무게가 약 113킬로그램에 달하고 약 9킬로그램짜리 칠면조를 통째로 집어넣을 수 있는 괴물 같은 XL에 이르기까지 5가지 크기로 출시된다. 가격은 특수 그릴과 부젓가락, 주걱에서부터 발화 장지와 갈비 받침대, 온갖 양념, 장갑, 사용 안내 DVD, 피자용 받침판에 이르기까지 다양한 옵션의 에그세서리를 풀로 갖췄을 때 최고 900달러(약 100만 원)까지 나간다. (비싼 가격을 상쇄하는 방안으로 고객들에게 언제나 이렇게 말한다. "세라믹의 보증 기간은 평생 유효하므로 고객은 이 그릴을 다른 것으로 교체할 필요가 없고, 따라서 이는 상당히 저렴한 가격이다.")

에그는 충격에 견딜 수 있도록 꼼꼼하게 포장되어 전국 곳곳의 고객과 소매상들의 손에 안전하게 도착한다. 피셔가 에그를 더욱 큰 시장에 내놓자 고객 밀착 현상은 급물살을 타기 시작했다. 에그를 가진 사람들은 끊임없이 제품에 대해 떠들고 소문을 냈다. 그들은 확실하고 능력 좋은 판촉 사원들이었다.

에그는 충격에 견딜 수 있도록 꼼꼼하게 포장되어 전국 곳곳의 고객과 소매상들의 손에 안전하게 도착한다.

적절한 제조업체를 탐색하던 피셔는 모호크 인더스트리의 자회사인 달타일 사를 발견했다. 달타일은 고품질의 세라믹 타일과 자연석 제품의 제조 및 유통 회사로 미국에서 가장 큰 세라믹 타일 제조업체이며 전 세계적으로도 가장 큰 제조업체 중 하나다. 피셔의 제안은 얼핏 보기에는 다른 기업들과 비슷해 보였지만, 그가 엄선한 이 제조업체는 그가 원하는 것을 만들기 위해 진지하게 배울 준비가 되어 있었다. 게다가 피셔는 달타일이 세라믹의 다양한 성분을 제조하는 데 필요한 정교한 실험 시설을 갖추고 있다는 사실이 마음에 들었다. 피셔의 조건을 충족시키기 위해서는 각 성분들이 완벽하게 조합되어야 했는데, 세라믹 제품을 제작할 경우 이는 쉽지 않은 일이었다. 세라믹은 성분 조합에 따라 마르는 속도가 달랐고, 가마에서 꺼낸 뒤 줄어들거나 뒤틀어질 수도 있기 때문이다. 거기다 달타일은 직접 페인트를 제조해야 했다. 유리 추출물로 만든 특수한 유형의 에폭시 페인트는 피셔가 원하는 에그의 외형을 완성시킬 뿐만 아니라 지속성 또한 뛰어나야 했다.

  달타일은 이 모든 문제를 해결할 수 있었다. 달타일의 경영권이 바뀐 뒤에도 피셔는 20년이 넘는 세월 동안 그들과 거래를 지속했다. 피셔가 알고 신뢰하는 사람들이 아직도 그곳에서 일한다. 그는 "에그의 품질을 지속적으로 혁신하고 개선하고 유지할 수 있는 것은 모두 그들의 전문 기술 덕분이다"라고 말한다. 피셔는 고객들과 유통업자, 공급업체에 충실하다는 사실을 자랑으로 여긴다. 그리고 그에 대한 보상으로 그는 충실하고 헌신적인 관계를 쌓았다.

  피셔의 공급업체는 처음에 다양한 색깔의 페인트를 제조했다. 그러던 어느 날 피셔는 현지의 한 영업사원과 신문 광고에 관해 이야기하던 도중, 무심코 한 에그를 가리켰다. 공교롭게도 초록색이었는데, 피셔가 가장 좋아하는 색깔이기도 했다. 회사와 쿠커를 '빅그린에그'라고 불러야겠다는 생각이 든 것은 바로 그때였다. 우연한 발견에 불과하다고 해도 좋다. 그러나 제품 이름으로 이토록 인상적이고 제품을 완벽하게 묘사한 단어가 또 어디 있겠는가? "사람들은 그 이름을 기억한다." 피셔의 이 단순한 말이 모든 것을 말해준다. 마케팅 교수라도 이보다 더 잘 표현할 수는 없을 것이다.

고객들이 이사를 가거나 휴가 때 쿠커를 들고 가면서, 에그는 서서히 이웃 플로리다 주와 인근의 다른 지역으로 확산되기 시작했다. 소문이 퍼지자 에그를 찾는 고객들을 접한 유통업자들이 피셔에게 주문을 넣기 시작했다. 에그의 진정한 신봉자인 피셔가 집이나 박람회에서 직접 에그를 선보이고 전채요리와 메인 요리, 디저트 등을 요리하면서 사람들에게 이 이상한 장치의 기능을 보여주자, 머지않아 점점 더 많은 판매업자가 에그에 관심을 가지게 되었다.

빅그린에그는 작은 틈새시장 업체에서 고급 그릴 산업의 진정한 강자로 부상했다. 피셔는 그의 고객들을 철저하게 끌어들여 판매망의 핵심으로 만들었다. 그러나 그가 내게 지적한 대로, 피셔가 맡은 역할을 꾸준히 수행하지 않았더라면 고객들의 열광적인 반응은 오래가지 않았을 것이다. 그가 피땀 흘려 고객들과 맺은 신뢰는 성장과 성공에 커다란 영향을 미쳤다. "제품만 훌륭했던 것이 아니다. 우리는 제시간에 제품을 선적하고 최종 고객들을 만족시키기 위해 필요한 일은 무엇이든 할 수 있었다." 그는 고객들에게 한 약속을 지켰던 것이다.

오늘날 빠른 속도로 성장하고 있는 BGE는 이제 외주 마케팅 부서 기능을 담당하는 DHM 그룹의 도움을 받고 있다. 그러나 BGE는 아직도 전통적인 광고 캠페인에 의존하지 않는다. 피셔가 내게 말했듯, 에그는 그에 관한 지식이나 관심이 없거나 교육을 받거나 시범을 보지 않고서는 쉽게 이해할 수 있는 제품이 아니기 때문이다. 대신 그들은 이미 요리에 대해 충분한 지식을 가진 사람들을 끌어들일 수 있도록 신중하게 선택한 전달 수단, 가령 〈보나페티〉나 〈파인쿠킹〉과 같은 잡지들을 이용해 효율적인 고객 밀착 전략을 펼친다. 미식가 세계에서 새롭고 화끈한 것을 찾는 최고의 잡지 편집자들은 특집 기사에 필요한 정보와 사진을 얻기 위해 빅그린에그를 자주 방문한다.

에그를 판매하는 전문 바비큐점이나 야외용품 전문 상점의 판매업자들은 몇 번이고 다시 돌아오는 고객들의 열정과 충성심을 잘 알고 있다. 그들은 또한 에그를 특별하게 취급하는 매우 특수한 집단이기도 한데(BGE의 파트너에 가깝다), 에그는 그 기묘한 형태와 섬세한 구조 때문에 부주의하게 다룰 경우 쉽게 망가지곤 하기 때문이다. 게다가 판매업자들은 잠재 고객들에게 특별한 서비스를 제공할 필요가 있다. 초보자들은 가장 만족스러운 결과를 얻기 위해서는 이 이상해 보이는 도구가 어떻게 작동하는지, 그리고 이것으로 어떻게 요리를 하는지 시범을 보아야 한다. 에그 판매업자들은 어떤 질문에도 대답할 수 있도록 에그를 속속들이 알고 있어야 한다. 대형 할인매장이나 인터넷 유통업체가 이런 '특별한 서비스'를 만족할 만한 수준으로 제공할 수 없는 것은 분명하다. 따라서 BGE는 오직 전문 소매업체만이 자사 제품을 유통하도록 하고 있다.

피셔는 유통업자들과 판매업자들이 에그에 더 많은 관심을 쏟아야 한다는 사실을 인식하고, 최고의 그릴 회사들보다 더 많은 마진을 주어 그들의 충성심을 인정하고 보상한다. 딜러들 역시 저가 정책을 요란하게 떠벌리는 대형 소매업체들과 경쟁할 필요가 없다는 사실 때문에 좋아한다.

DHM 그룹의 설립자이자 CEO인 도나 마이어스는 에그를 갖고 있는 사람들은 다른 사람에게 자기의 에그를 주느니 차라리 "트럭이나 개, 아니면 다른 귀중한 걸 내줄 것이다"라고 말한다.

그녀의 말이 옳을지도 모른다. 에그헤드 공동체는 긴밀하고 유대감이 강한 집단이며, BGE는 에그헤드들이 긴 시간과 정성을 들여 의사소통하는 웹사이트 빅그린에그닷컴 포럼에서 에그에 대해 신비로운 분위기를 조성한다. 매일 400~900명에 달하는 에그 애호가들이 포럼에 글을 올린다. 그들은 요리법과 팁을 공유하고 서로의 질문에 답해주며, 에그의 장점을 격찬한다. 그들의 증언이 얼마나 효과적인지, 판매업자들은 잠재 고객들에게 웹사이트를 추천하여 글을 읽게 하거나 에그에 관한 무한한 지식으로 채워져 있는 BGE의 정보 창고를 이용하게 한다. 피셔는 웹사이트에서 이루어지는 광범위한 소비자 교육과 급증하는 활동이 회사의 급격한 성장에 중요한 역할을 했다고 생각한다.

BGE는 이러한 고객들의 증언들을 마케팅 브로슈어와 카탈로그, 광고에 사용하여 '가족'적인 행동을 보상하고 격려한다. 또한 사이트에 게재된 에그 구매자들의 헌신과 애착은 새로운 유통업자들을 유혹하는 강력한 도구이기도 하다.

그러나 회사가 에그헤드와의 유대를 얼마나 애지중지 키워왔는가를 가장 잘 보여주는 것은 11년의 역사를 자랑하는 에그토버페스트다. 매년 10월 세 번째 주말에 조지아 터커에 있는 BGE의 신사옥에서 열리는 이 행사는 웹사이트에 접속하여 채팅하고 요리법을 서로 나누는 충성 고객들에게 감사를 표시하기 위해 여는 것으로, 1998년에 처음 시작되었다. 2008년에는 1700명 이상의 사람들이 온라인 에그헤드 식구들과 모여 이 행사를 즐겼다. 1998년에 15명의 사람들이 에그로 만든 음식을 선보였던 에그토버페스트가 알래스카에서 갓 잡아온 신선한 연어에서부터 메인 주의 말코손바닥사슴 산적요리에 이르기까지 230가지 이상의 요리를 선보이는 경연장으로 성장했다.

에그토버페스트의 신나는 재미와 열기는 전국 각지에서 에그축제를 탄생시켰다(현재에는 19개 지역에서 에그축제를 열고 있다. 이 수치는 계속해서 변하고 있지만, 나는 이 숫자가 모든 사람들이 주변에서 에그축제를 발견할 수 있다는 사실을 보여준다고 생각한다). 35년 전 피셔가 에그를 찬양하는 고객들과 파트너십을 맺기 시작했을 때 이미 알고 있었듯, 이토록 근사한 에그가 세상에 퍼지지 못하게 막을 수 없다는 것은 분명하다.

고 객 밀 착 의 법 칙

중요한 것은 신뢰다. 물론 누구나 자신의 제품을 신뢰하고 있다고 말할 수 있지만, 피셔는 고객과 유통업자들 사이에서 회사에 대한 신뢰를 쌓는 것이 성공에 결정적이라는 사실을 알고 있었다. 특히 마케팅할 때 고객과의 밀착에 의존하고 있다면, 불만스러운 구매자가 당신이 애써 쌓아올린 평판을 무너뜨리게 하지 마라. 정보가 인터넷과 똑같은 속도로 퍼지는 요즈음에는 한두 명의 불만스러운 고객이 제품의 평판에 막대한 타격을 입힐 수 있다. 이것이야말로 인터넷 현상의 위험한 측면이다.

마케팅할 때 고객과의 밀착에 의존하고 있다면, 불만스러운 구매자가 당신이 애써 쌓아올린 평판을 무너뜨리게 하지 마라.

피셔는 에그의 이미지를 한껏 빛내기 위해 재능 있는 제품 개발자와 디자이너들을 끌어들이고, 사용자와 유통업자들에게서 얻은 피드백을 토대로 끊임없이 제품을 개선하고 강화하며, 새로운 에그세서리를 추가한다. 또한 그는 제시간에 물건을 내보

낼 뿐만 아니라 둘째가라면 서러울 만한 고객 서비스를 제공한다. BGE의 신뢰성은 유통업자들의 성과와 매우 밀접하게 얽혀있기 때문에, 피셔는 에그 고객들에게 특별한 관심을 기울이고 잠재 고객들을 교육시키기 위해 지식을 익힌 판매업자들의 노고를 인정하고 보상한다. 신뢰를 유지하기 위해서는 당신이 하는 모든 일에서 우수하다는 것을 보여줘야 하며, 나아가 끊임없이 경각심을 가져야 한다.

현실적으로 행동하라. 눈을 크게 뜨라. 당신과 고객들이 제품에 대해 절대적인 열정을 공유할 때는 장밋빛 환상에 눈이 멀어 제품의 결함이나 문제를 간과할 수 있다. 한편 해결되지 않는 결함이나 문제들은 고객들을 냉소적으로 만들 수 있다. 광신도들은 일이 잘못될 경우 순식간에 강력한 비판가로 변할 수 있다. 그러니 열정과 현실의 균형을 맞추고 문제들을 반드시 해결하라.

광신도들은 일이 잘못될 경우 순식간에 강력한 비판가로 변할 수 있다. 그러니 열정과 현실의 균형을 맞추고 문제들을 반드시 해결하라.

피셔는 그의 제품을 홍보하는 가장 위대한 프로모터다. 그러나 그는 에그의 결점 또한 잘 알고 있다. 에그의 기묘한 형태는 안정성에 영향을 미치며, 복잡한 구조는 특별한 주의가 필요하다. 그는 문제점을 무시하거나 솔직하지 않은 광고로 얼버무리기보다는 결점을 고치려고 노력하며, 그런데도 해결할 수 없는 문제점은 어쩔 수 없는 것으로 받아들였다. 따라서 그는 에그의 결점을 상쇄하기 위해 제품을 전문 소매상인에게 맡기는 방법을 쓴다.

피셔는 대대적인 광고 캠페인을 고려한 적이 없다. 전형적인 텔레비전 광고나 대중 잡지 광고로는 그의 특이한 제품을 제대로 알릴 수 없다는 것을 잘 알고 있기 때문이다. 에그의 고객들은 다른 제품보다 더 많은 정보를 필요로 한다. 실질적인 시범과 훈련을 포함한 특수한 정보들을 말이다. 피셔는 적절한 교육이 소비자들을 만족시키며, 대중 시장의 소매상들이 고객들에게 필요한 것을 모두 제공할 수 없다는 사실을 안다. 대중 마케팅에 따른 혜택이라고 해봤자 그리 오래가지 않을 것임을 알기에 그는 그러한 광고를 단념하고 더 적은 수의 고객들에게 행복을 주기로 결심했다. 위대한 아이디어라고 해서 대중 시장을 위한 것만은 아니다.

신비로운 분위기를 풍긴다. 소수들만이 아는 특정 제품을 중심으로 특별한 집단에 속해 있다는 느낌은 고객 밀착을 강화시킨다. BGE는 에그헤드들을 끌어 모으는 웹사이트 포럼과 특별한 행사를 통해 공동체적 소속감을 키웠다. 에그세서리는 부가 매출을 올려줄 뿐만 아니라 에그헤드들이 공유하는 정체성에 더 큰 확신을 준다. 제품의 신비성은 배타성에서 오는 경우가 많다. 따라서 제품의 존재감이 커지면 고객 밀착을 유지할 만한 방식을 새로이 개발할 필요가 있다.

믿음과 인내는 기대한 만큼의 성과를 가져온다. 에그의 고객 밀착 전략과 열광적인 팬들이 부여하는 놀라운 힘을 볼 때, 피셔가 틈새시장을 노린 작은 업체에서 그릴 업계의 거장이 되기까지 보여준 굳건한 믿음은 고무적이다. 이러한 신뢰는 사업 성장에 필수적이다. 당신이 제품을 진심으로 좋아하지 않는다면 고객과 유통업자들 역시 그것을 좋아하지 않을 것이다. 피셔는 에그의 탁월함을 전적으로 신뢰했고, 이를 결코 포기하지 않았다. 눈 깜짝할 사이에 억만장자가 될 수 있는 오늘날, 굳건한 믿음을 가지고 열심히 노력하는 이들이 성공할 수 있다는 사실은 매우 신선하고 가슴 벅찬 일이다. 그것이 바로 개혁 운동이 주는 느낌이다.

유통 경로 파트너들을 신중하게 선택하라. 앞에서 맴버헬스의 고객 밀착 전략을 설명할 때 유통 경로에 있는 사람들이 고객과 접촉할 경우 그들과 회사를 올바로 파악할 필요가 있다고 말했다. 그리고 그들을 신뢰해야 한다. 유통 및 판매 과정에 특별한 주의를 요하는 제품이나 서비스는 품질 기준에 대해 당신과 똑같은 열의를 지닌 파트너가 필요하다. 빅그린에그는 단순한 제품이 아니다. 그것은 하나의 경험이다. 그 제품과 접촉하는 모든 사람들과 고객들 또한 그 경험에 기여한다. 무엇보다 명백한 법칙 하나, 유통 경로 파트너들을 신중하게 선택하라.

유통 및 판매 과정에 특별한 주의를 요하는 제품이나 서비스는 품질 기준에 대해 당신과 똑같은 열의를 지닌 파트너가 필요하다.

Chapter 8

제8법칙
근본을 기억하라

스타일 그 이상을 창조한 퓨마

1993년 요헨 자이츠가 독일의 스포츠 신발 제조업체 퓨마의 CEO가 되었을 때, 그의 첫 번째 목표는 생존이었다. 4년 동안 네 명의 최고경영자들이 회사를 거쳐 갔다. 그 회사는 지난 8년 동안 계속된 손실로 많은 부채를 지고 있었고, 선두업체인 아디다스와 나이키, 리복에 포위되어 힘겹게 허우적거리고 있었다. 가장 나쁜 점은 아무도 자이츠가 성공할 것이라고 기대하지 않았다는 것이다. 겨우 30세에 불과했던 그는 유럽의 기준으로 볼 때 견습생이나 마찬가지였으며, 독일 상장회사 세계에서 가장 젊은 CEO였다. 〈매니저〉지는 그가 압력을 견디지 못하고 도중에 물러날 것이라고 예측했다.

얼마 전 자이츠는 이렇게 회상했다. "사람들은 내 사진을 보고 내가 너무 어리다고 생각했다. 그러니 어떻게 막중한 책임을 맡길 수 있었겠는가?" 그러나 퓨마의 마케팅 매니저였던 그는 회사 이사진에게 매우 강력하게 호소했고, 그들에게는 그 외에 다른 대안이 없었다. 운 좋게도 당시 회사의 경영권은 스웨덴 사람들의 손에 있었다. "독일인들이 좌지우지하고 있었다면 아예 날 시험해보지도 않았을 것이다. 이상하게도 전혀 겁이 나지 않았다. 오히려 아주 흥분되었다." 이후 자이츠는 필요한 조치를 취했다. 전형적인 구조 조정에 착수해 복잡한 관료주의를 없애고, 400명의 직원들을 정리해고하고, 독일 공장을 닫고 아시아로 생산 거점을 옮겼다. 석 달 후에 퓨마는 흑자로 전환했다.

그러나 자이츠는 이 모든 변화가 응급 처치에 불과하다는 사실을 알고 있었다. 퓨마는 살아남았다. 그래도 성공을 거두고 싶다면 아디다스와 나이키와의 경쟁은 물론 장기적인 전략이 필요했다. 무엇보다 그는 고객들에게 영감을 줘 회사와 긴밀하고 지속적인 관계를 형성해야 했다. 자이츠는 그 전략을 찾아냈다. 그리고 그가 그 전략을 이용하여 퓨마를 세계 3위의 스포츠 의류회사로 만들어낸 과정은 영감과 진정성에 대한 가장 멋진 이야기다.

형제간의 불협화음

아디다스와 퓨마의 오랜 갈등은 동족상잔의 비극이었다. 이 두 회사는 두 형제 아돌프 다슬러와 루돌프 다슬러가 설립한 것으로, 형제는 1930년대에 바이에른에 있는 작은 마을 헤르초겐아우라흐에서 아버지의 신발 사업을 물려받았다. 그들이 처음으로 성공하게 된 것은 1936년에 아돌프(아디)가 운동화가 가득 든 가방을 들고 올림픽이 열린 베를린에 가서 미국의 육상 스타인 제시 오언즈에게 자신들의 신발을 신어줄 것을 설득했을 때였다. 흑인인 제시 오언즈의 금메달은 히틀러의 인종차별주의를 반박하는 완벽한 승리였고, 더불어 아디의 첫 번째 승리이기도 했다. 하지만 형제는 사이가 틀어지기 시작했다. 루돌프는 그의 형이 자신을 제2차 세계대전 때 전방에 보내기 위해 책략을 꾸몄다고 믿었고, 그 보복으로 승리한 연합군에게 아디가 나치에게 협력했다고 밀고했다.

그렇지만 형제들은 1948년까지 커다란 저택에서 가족들과 함께 살았다. 이후 루돌프와 그에게 충성스러운 아랫사람들이 갈라져 나와 차린 회사가 퓨마였다. 아디는 원래 있던 회사에 아디다스라는 새로운 이름을 붙였고, 헤르초겐아우라흐는 두 형제들을 따르는 사람들끼리 나뉘어 싸움을 벌이는 파벌 도시가 되었다. 그들은 오로지 자신들이 믿는 '올바른' 브랜드의 신발만 신었고, 자기네 편의 상점과 술집에만 드나들었으며, 때로는 상대방 진영의 사람들과 말을 섞는 것조차 싫어했다.

여러 해 동안 두 회사는 치열한 경쟁을 벌였다. 그들은 특히 관심을 보였던 축구를 비롯해 수십 개의 프로 스포츠 팀을 후원하고 스타들의 홍보 계약을 차지하기 위해 피 튀기는 전쟁을 벌였다. 이는 올림픽까지 이어져서, 규칙을 무시한 채 현금과 각종 이권을 내밀며 유력한 메달 후보들을 공략했다. 2008년에 발간된 《운동화 전쟁Sneaker Wars》에서 저자인 바바라 스미트Barbara Smit은 1968년 멕시코시티 올림픽이 열렸을 때 아디다스 대리점이 모종의 술수를 꾸며 멕시코 관세청에서 퓨마 신발을 압수하고 퓨마의 영업사원을 체포해 감옥에 보내게 했다고 말한다.

아디다스와 퓨마는 전쟁에 지나치게 몰두한 나머지 1970년대에 나이키와 리복이 부상하고 있다는 사실을 눈치채지 못했다. 결국 이들은 시장을 잃고 만다. 1990년대 아디다스의 미국 시장

점유율은 60퍼센트에서 2.5퍼센트로 떨어졌고, 퓨마는 그보다도 엉망이었다. 아돌프와 루돌프의 후계자들도 선대에 못지않게 사이가 나빴기 때문에, 결국 두 회사는 가족들의 통제에서 완전히 벗어나게 되었다.

오늘날 자이츠와 아디다스 CEO인 허버트 하이너Herbert Hainer는 이러한 경쟁을 과거에 비해 덜 개인적으로 받아들이고 있다. 그러나 둘 사이의 경쟁관계는 아직도 남아 있었고 짜증이 날 정도였다. 아디다스는 2005년에 리복을 인수해 글로벌 마켓에서 26퍼센트의 점유율을 기록하면서 시장점유율 33퍼센트인 나이키와의 간격을 더욱 좁혔다. 한편 퓨마는 자이츠의 단독적인 전략에 힘입어 잊혀지다시피 했던 시장점유율을 6퍼센트로 끌어올리고 매출은 32억 달러(약 3조 7824억 원)로 늘렸다. 그는 다시 3파전을 벌일 터전을 마련하기 위해 각오를 다지는 중이다.

1990년대 초에 전략을 세우던 자이츠는 고전적인 스포츠 신발 시장에서 정면대결을 벌일 경우 퓨마가 질 것이 뻔하다는 사실을 알고 있었다. 퓨마는 다른 선두업체들에 비해 열세에 놓여 있었다. 선두업체들은 더 많은 팀, 더 실력 좋은 팀을 후원하고 더 인기 있는 스타들을 모델로 내세울 수 있었기 때문이다. 그래서 자이츠는 더 광범위한 고객들에게 영감을 불어넣기 위해 이제껏 시도한 적 없는 새로운 전략에 무게를 두고 스포츠 이외의 분야로 영역을 넓혀 나가기 시작했다. 퓨마는 신발의 기능에 집착하

퓨마의 웹사이트(www.puma.com)에는 볼거리가 많다. 신제품을 볼 수 있는 것은 물론, 놀라운 스포츠의 위업이나 영웅담에 감동을 받을 수도 있고 공중을 나는 상상을 할 수도 있다. 물론 퓨마 운동화를 신고 말이다.

지 않고, 소비자들의 패션에 집중했다. "우리는 브랜드를 더욱 혁신적이고 디자인 면에서 뛰어나도록 포지셔닝해야 했다. 그렇게 해서 산업의 공식을 변화시켰다. 우리는 스포츠 라이프스타일이라는 용어를 창조했다." 그 단어의 진실한 의미를 이해하는 사람은 아무도 없었지만 자이츠는 스포츠 라이프스타일이라는 새로운 부서를 창설하고 개방적인 성격을 가진 21세의 스케이트보더 안토니오 베르톤을 고용하여 운영을 맡긴 다음 패션 혁신을 실험하게 했다.

퓨마는 신발의 기능에 집착하지 않고, 소비자들의 패션에 집중했다.

행운이 찾아온 것은 1994년이었다. 비스티 보이즈가 블루 스웨이드 퓨마 클라이드 운동화를 신고 콘서트 무대에 올랐던 것이다. 뉴욕 닉스 농구 팀의 스타 월터 '클라이드' 프레이저의 이름을 따서 지은 그 상품은 1970년대 이후 인기를 잃었지만, 랩 밴드의 순회공연 덕분에 팬들은 클라이드 운동화를 찾아 신발 가게를 샅샅이 뒤졌다. 이 사실을 안 자이츠는 공장을 아시아로 옮기는 과정에서 이 신발의 생산량을 늘렸다. 미국의 주요 소매상들이 그것을 일시적인 유행으로 여기고 코웃음칠 때, 베르톤은 클럽과 콘서트를 순회하며 유행의 첨단을 걷는 패션 리더들에게 클라이드를 나눠주고 시내 스포츠 신발 가게에 그 상품을 취급해줄 것을 설득했다. 그러자 매출이 급증했다.

물론 프레이저가 퓨마의 유일한 스타는 아니었다. 경제적인 어려움에 처하기 전에 회사가 한창 잘나갈 때만 해도 퓨마는 축구 스타 펠레와 디에고 마라도나, 미식축구 선수 조 나마스와 전속 계약을 체결했다. 자이츠의 다음번 돌파구는 1998년 당시 한창 떠오르고 있던 디자이너 질 샌더가 전화를 걸어 펠레의 클래식 축구화를 패션쇼에 사용할 수 있느냐고 물었을 때였다. 자이츠는 기쁨을 참을 수가 없었다. 샌더의 미니멀리즘 스타일은 화려하고 눈부신 것을 추구하는 스포츠 디자인과는 정반대였다. 그는 그 제품에 대한 그녀의 관심이 퓨마의 이미지를 혁신하여 스포츠화에 전혀 관심이 없던 새로운 고객들에게 영감을 불어넣을 기회가 되리라 여겼다. 예상대로 샌더는 퓨마를 다시금 매력적인 것으로 탈바꿈시켰고, 얼마 지나지 않아 퓨마는 고전적인 축구화에 새로운 질감과 세련된 색을 추가한 질 샌더 제품 라인을 마케팅하기 시작했다. 마돈나가 3인치(약 7.6센티미터) 힐을 단 특수 주문 퓨마를 신고 잡지 표지에 등장하자 자이츠는 그 가수의 스타일을 본뜬 또 다른 제품 라인을 생산하라고 지시했다. 그는 스케이트보드 월드컵을 후원했고, 아예 스포츠의 영역을 벗어나 레이브 축제인 베를린 러브 퍼레이드를 후원하기까지 했다.

한편 베르톤은 신발을 넘어 새로운 스포츠 의류의 세계로 나아가고 있었다. 퓨마는 테니스 스타 세레나 윌리엄스를 위해 점

프슈트를 디자인했고, 카메룬 축구팀을 위해 원피스 유니폼을 내놓았다. 국제 연맹에서는 그 복장을 금지했지만 자이츠는 그것이 가치 있는 기술 혁신이었다고 옹호했다. "이제까지 만들어진 것 중 가장 가벼운 유니폼이다." 퓨마는 운전용 신발과 자동차경주용 유니폼의 주요 제조업체가 되었고, 최근에는 요트복 라인을 출시했다. 또한 자이츠는 알렉산더 맥퀸과 필립 스타크에서 미하라 야스히로와 후세인 샬라얀에 이르기까지 다양한 디자이너들과 협력했다. 패션모델 크리스티 털링턴을 끌어들이고, 청바지 제조업체인 에비수와도 손을 잡았다. 그들의 고급 디자인은 새로운 계층의 고객들을 끌어들여 영감을 불어넣어주었고, 퓨마의 매출 이익율은 52퍼센트 이상 상승했다.

솔직히 이것들은 멋지고 반항적인 이미지라기보다는 스타일의 불협화음에 가까워 보인다. 그러나 자이츠는 이러한 융합을 장점으로 여기고, 내부 디자이너들에게 가능한 한 다양한 관점에서 의상을 디자인하라고 지시했다. "유명 디자이너들은 완전히 다른 각도에서 디자인에 접근한다. 퓨마가 언제나 열린 마음을 유지할 수 있는 것은 바로 그 덕분이다." 나아가 그는 기능과 패션을 결합시킨 창조성이야말로 시장 조사보다 훨씬 더 혁신적인 도구라고 말한다. "조사를 통해 얻을 수 있는 것은 현재의 피드백일 뿐, 내일의 것이 아니다."

이러한 퓨마의 창조성은 리스크가 큰 만큼 커다란 이익이 될 수도 있다. 2002년 베르톤은 약 272킬로그램에 달하는 오래된 빈티지 옷들을 사들여 재디자인한 다음 '절약thrift'이라는 한정판 제품으로 시장에 내놓았다. 얼핏 보기에는 미친 짓처럼 보였지만, 후에 그것은 몽골리안 슈 BBQ(소비자들이 자신이 원하는 소재와 컬러를 선택해 신청하면 그대로 만들어주는 색다른 서비스_옮긴이)라는 온라인 맞춤 운동화 비즈니스로 발전했다. "나는 늘 퓨마에서 일한다는 것은 '목 매달아 죽으라고 세상에 있는 모든 밧줄을 받는 것'이나 다름없다고 말한다." 베르톤은 아주 진지한 얼굴로 말했다. "내가 하는 일? 목을 매달지 않는 것이다." 최근에 퓨마는 신발과 의류에서 벗어나 더욱 과감한 행보를 이어가고 있다. 비즈니스 여행객들을 위해 알루미늄 가방을 출시했고, 런던의 유명 브랜드 벡스드 제너레이션과 덴마크의 자전거 제조업체 바이오메가와 제휴하여 내놓은 접이식 자전거는 날개 돋친 듯 팔려나가 뉴욕현대미술관에 전시되는 성과를 거두었다.

다양한 분산화와 거침없는 실험에도, 자이츠는 퓨마가 스포츠 신발 비즈니스에 뿌리를 두고 있다는 사실을 항상 의식하고 있으며, 스포츠팬들과 관련된 브랜드로서의 진정성을 주의 깊게 지킨다. 자금 사정이 나아지자 그는 32개의 국가대표 팀(그중 12개 팀은 지난 월드컵에 출전했고 5개 팀은 유럽 챔피언십에 출전했다)과 스포츠 신발 모델로 내세울 육상 선수를 후원하면서 아디다스와 나이키에 다시금 도전장을 내밀었다. 2008년 베이징 올림픽에서는 마케팅에서 진정한 승리를 거두었다. 자메이카의 육상 선수 우사인 볼트가 3개의 금메달을 딴 뒤, 전 세계 사진기자들이 정신없이 셔터를 눌러대는 동안 자신이 신고 있던 금빛의 퓨마 신발에다 키스를 퍼부었던 것이다. 후에 자이츠는 이렇게 말했다. "각본을 짠 것도 아니었다. 볼트가 그렇게 한 것은 퓨마와 동질감을 느꼈기 때문이다."

실제로 자이츠는 퓨마와 볼트의 결합은 "돈으로도 환산할 수 없는 것"이라고 주장한다. "우리는 볼트가 무명이었을 때부터 후원했다. 그는 놀라운 재능을 지니고 있었고, 우리는 그의 잠재력을 믿고 줄곧 그를 뒷받침했다. 우리는 글로벌 광고 캠페인에서 볼트를 영웅으로 묘사했지만, 그가 올림픽에서 그렇게 큰 성과를 올릴 것이라고는 전혀 짐작하지 못했다." 그러한 후원의 대가는 대단했다. "그의 이미지는 전 세계로 퍼져나갔고, 모든 사람들이 그 모습을 목격했다."

2007년에 퓨마의 부활이라는 스토리는 다른 부류의 고객을 매혹시키고 영감을 불어넣었다. 그 고객은 구찌와 입생로랑, 스텔라 매카트니와 같은 명품 브랜드를 거느리고 있는 PPR 제국의 프랑스 억만장자 프랑수아 앙리 피노였다. 피노는 회사 자체의 소비자가 되었다. 퓨마의 지분 62퍼센트를 30억 파운드(약 4조 9664억 원)에 사들인 것이다. 그러나 퓨마는 여전히 자율적으로 운영되고 있으며, 자이츠는 그러한 관계가 "두말할 것도 없이 긍정적이다"라고 말한다.

팔다리가 길고 단단한 몸을 지닌 44세의 자이츠는 퓨마 브랜드를 상징하는 인물이라 할 수 있다. 그는 아직도 마라톤을 뛰고, 자가용 비행기를 몰고, 아프리카에 부동산을 가지고 있으며, 스와힐리어를 포함해 7개 국어를 할 줄 안다. 나아가 회사에서도 막중한 임무를 맡고 있다. "변화는 내게 아무런 영향도 미치지 않았다. 전략은 전과 동일하다." 좁은 의미에서 풀이하자면 그것은 "비즈니스를 다시 성장시키고 두 선두 브랜드와의 격차를 좁히는 것"을 의미한다. 그러나 넓은 의미에서 퓨마의 전략은 경쟁을 선도하는 것이지, 뒤따르는 것이 아니다. "우리는 항상 탁월한 일을 하고 경계 밖으로 나아가기 위해 노력한다. 우리는 자신을 끊임없이 변화시켜 게임에서 앞설 필요가 있다."

퓨마의 전략은 경쟁을 선도하는 것이지, 뒤따르는 것이 아니다.

그러나 그 모든 변화에도, 브랜드는 반드시 그 자체에 충실해야 한다. 운동 능력을 증명하는 것은 물론 그것을 뛰어넘는 새로운 종류의 진정성을 보여야 한다는 의미다. 운동선수들이나 평범한 고객들은 '퓨마'가 스포츠적인 관점에서 독특하고 멋있다는 인상을 받는다. 혹은 자이츠의 표현을 빌자면 "퓨마의 핵심은 패션과 세련이지, 피와 땀과 눈물이 아니다." 그것은 퓨마가 손잡을 인물로 잘나가는 디자이너나 신기록을 세울 운동선수라고 해서 선택해서는 안 된다는 것을 의미한다. "우리는 퓨마의 특성에 적합한 디자이너와 선수들을 선택한다. 그들의 개성이 우리의 브랜드와 맞아떨어져야 한다. 우리는 '그가 빠르다'라고 말하지 않는다. '그는 잠재력이 있고 퓨마 브랜드에 어울린다'라고 말한다."

베이징 올림픽에서 100미터와 200미터 단거리 육상 종목에서 세계 신기록을 세운 우사인 볼트의 익살스러운 행동은 몇몇 사람들의 이맛살을 찌푸리게 했고, 급기야 올림픽위원회 의장인 자크 로게에게서 비난을 받았다. 그러나 볼트가 베이징 올림픽 주경기장에서 자메이카 국기를 어깨에 두른 채 신발에 키스를 하고 엉덩이를 돌리며 춤을 춘 모습은 전 세계 수백만 명의 사람들에게 영감을 불어넣어주었다. 그것이 진정한 퓨마였다. 그리고 자이츠의 투자에 대한 진정한 보답이었다.

고 객 밀 착 의 법 칙

과거를 발판으로 삼아라. 퓨마는 과거의 스포츠 이미지를 활용해 브랜드의 힘과 신비로운 분위기를 쌓아 올렸다. 첫 번째 책인 《아웃스마트》에서 설명했던 전설적인 총기 제조업체이자 한때 위축되었던 기업인 스미스&웨슨처럼 말이다. 쓰러져가던 퓨마를 회생시킨 주인공은 무엇을 유지하고 무엇을 변화시켜야 할지 파악한 새로운 CEO 요헨 자이츠였다. 자이츠는 우연히도 퓨마와 같은 고양이과의 제목을 지닌 《들고양이The Leopard》의 저자이자 시칠리아 출신인 주세페 디 람페두사Giuseppe di Lampedusa의 원칙을 따랐다. 그는 이렇게 썼다. "현 상황을 그대로 유지하고 싶다면 모든 것이 변해야 한다." 자이츠의 뛰어난 지도하에 퓨마는 과거에 가장 좋았던 부분은 지키고 나머지는 변화시켜 과거와 현재의 고객 모두를 열광하게 만들었다.

  변신을 거치는 동안 퓨마는 광범위한 부류의 고객들에게 호소력을 지니는 스타일을 개발하는 동시에 스포츠 신발 전문 제조업체로서의 유산에도 충실했다. 퓨마는 모든 육상 경기와 스포츠, 월드컵 축구 시합에서 운동장과 스탠드에 모습을 드러낸다.

현 상황을 그대로 유지하고 싶다면 모든 것이 변해야 한다.

시장에서 확고하게 자리 잡은 선두업체와 정면으로 맞붙으려 하지 마라. 경쟁업체의 방식으로 그들에게 도전하는 일은 무모한 짓이다. 시장에 진입할 수 있는 독특한 방법을 발견해 경쟁자를 측면에서 공격하라. 퓨마는 대담하고 독특한 이미지를 개발하여 도전했다.

  회사의 뚜렷한 기준점을 찾아라. 퓨마는 곧장 운동화 전쟁에 뛰어들지 않았다. 그들은 스스로를 스포츠 라이프스타일 회사로 정의하고 아디다스와 나이키에 도전할 수 있는 의류 및 신발 비즈니스를 구축했다. 또 다른 대안은 경쟁업체보다 더욱 잘할 수 있는 분야를 추구하는 것이다. 그 덕분에 퓨마는 리복의 진부한 이미지와 스타일을 쉽게 누를 수 있었다.

외부 인재들을 이용해 내부 인재들을 자극하라. 제품 라인을 빠른 속도로 쇄신하려 할 경우 내부에서 소화하기에는 벅찬 디자인 능력이 필요할지도 모른다. 더구나 내부 디자인 팀은 기존의 패러다임에 길들여져 있어 도전 과제에 자주 직면할 수 있다. 퓨마는 외부의 유명 인사를 고용하여 새로운 아이디어를 받아들였고 권태로움을 극복했다. 새로운 아이디어는 때로는 효과가 있기도 하지만 그렇지 않기도 하다. 이 같은 실험의 성공 여부를 결정짓는 열쇠는 멋진 것과 그렇지 않은 것을 최종적으로 판단하는 고객들이다. 대부분의 상품들을 멋지게 만들 수 있는 한, 이러한 사업 방식은 고객들을 돌아오게 만들 수 있는 또 다른 방법이다.

신호 체계를 잘 갖춘 고속도로를 따라가되 이따금 옆길로 새보라. 퓨마는 최첨단 스타일을 유지하지만 동시에 그 스타일과 일맥상통하는 다양한 디자인을 시도한다. 회사의 디자이너들은 각각의 '멋진' 전문 영역, 즉 스포츠, 건축, 패션 등을 담당하여 고객들의 제품 경험이 결코 지루하지 않도록 최선을 다한다. 그 결과 퓨마 매장에 발을 들여놓은 고객들은 여섯 살짜리 어린애부터 65세의 노인에 이르기까지 그들을 매혹시키는 혁신적인 멋을 경험하며, 계속해서 변화하리라는 것을 알기에 퓨마로 돌아오곤 한다. 그것은 고객들의 경험을 지속시키고 싶다면 변화를 주어야 한다는 람페두사의 계시를 반영한 것이다.

아이콘 브랜드란 변화와 일관성이 균형을 이룰 때 완성된다. 그토록 수많은 변화를 겪었는데도 퓨마의 독특한 스타일은 알아보기가 쉽다. 올 여름에 나는 메인 주 키터리에 있는 퓨마 매장에서 운동화 한 켤레를 샀는데, 내가 이제껏 산 운동화 중에서 가장 대담하고 화려한 디자인이었다. 짙은 녹색에 퓨마 로고와 주황색 신발끈이 눈부실 정도였으니 말이다. 프랑스에서 그 신발을 신고 다니자, 사람들은 그 멋진 퓨마 운동화를 어디서 샀느

냐고 물어보곤 했다. 나는 때가 되면 다시 신발을 사러 퓨마 매장에 갈 것이다. 퓨마는 다시 젊어진 듯한 느낌이 들게 하기 때문이다.

당신이 약자라면 약자처럼 행동하라. 명심하라, 사람들은 약자를 좋아한다. 그들은 당신을 돕고 싶어 할 것이며, 당신의 제품이 좋다면 기꺼이 사줄 것이다. 약자 캠페인을 벌이는 것은 상당히 만족스러운 일이다. 퓨마는 시장에서 약자로서의 역할을 잘 수행해냈고, 대담하고 거침없어 보이는 이미지를 채택했다. 그런 다음 몇몇 제품의 스타일과 이미지를 다듬어 호소력을 강화했다. 얼마 전 퓨마 매장에 들렀을 때 대부분의 의류와 운동화는 도전적이고 대담하지만 한쪽에는 BMW의 레이싱 팀 로고가 달린 우아한 흰색 재킷이 진열되어 있는 것을 보았다. 이처럼 보수적인 방향으로의 전환은 기존의 약자가 상당한 기반을 확보했다는 의미다.

당신이 새로 찾은 진정성을 유지하라. 이 책에 소개된 모든 회사들에 있어 진정성은 고객들을 다시 찾아오게 하는 데 필수적인 요소다. 퓨마가 가진 진정성의 핵심은 스포츠에 뿌리를 두는 한편 항상 혁신적인 멋을 제안하는 것이다. 그것은 대부분의 회사들은 충족시킬 필요가 없는 대조적인 조건이다. 운동선수가 걸치는 퓨마 셔츠나 운동화는 보기도 좋아야 하지만 기능 역시 뛰어나야 한다. 운동선수의 능력을 향상시킬 뿐만 아니라 아마추어에게도 승리의 영감을 부여해 자신도 진짜 프로처럼 훌륭하게 뛸 수 있다는 느낌을 주어야 한다. 퓨마처럼 재건에 필요한 모든 요소들을 조화시키면서도 패션이나 기능 면에서 혁신을 유지할 수 있는 회사를 만나는 것은 참으로 흥분되는 일이다.

:: 에필로그

고객에게 영감을 주는
기업의 비밀

 이 책은 우리 앞에 놓인 엄청난 기회들과 그러한 기회를 과감히 붙잡은 기업들이 어떤 일을 해낼 수 있었는지를 보여준다. 그러나 나는 낙관론자이기는 하지만 현실주의자이기도 하다. 이 원고가 출판된 지금, 우리의 머리 위에는 검은 먹구름이 덮여 있다. 전 세계 사람들이 거대한 불경기가 찾아왔다며 걱정한다.

 이 사실을 가장 적나라하게 알려주는 것이 여러 신문들의 헤드라인이다. "크고 작은 기업들이 위태롭다." 원자재 가격이 상승하면서 지방의 한 플라스틱 회사는 주문량 감소로 고통스러워하고 있다. 거대한 전국 소매 체인은 유동성 문제를 겪고 있고, 그보다 작은 중소기업은 자금을 조달할 수 없어 살아남기 위해 허리띠를 졸라매야 한다. 심지어 한 지방 대학교에서는 학생들의 장학금 요구가 늘자 학교 자산을 처분해야 할지도 모른다고 우려한 나머지 직원 수를 늘리지 않고 캠퍼스 내 모든 건설 공사를 중단했다는 이야기도 있다.

최근의 이러한 위기는 은행과 비즈니스, 소비자들의 신용 부족에서 비롯된 것이다. 그러나 불황에 대한 걱정은 글로벌 신용 시장이 흔들리기 전부터 이미 서서히 나타나고 있었다. 전 세계적인 경기 후퇴는 이미 시작되었고, 다양한 산업 분야에서 과잉 생산의 징조가 보이고 있다. 찰스 다윈이라면 이렇게 말했을 것이다. 비즈니스가 이용 가능한 고객 풀 이상 넘치게 성장했다고 말이다. 나는 우리 집에서 20킬로 내에 홈 디포가 3개나 있는 이유가 궁금했다. 지금쯤은 홈 디포도 똑같은 질문을 던지고 있으리라.

전 세계적인 경기 침체는 당연히 기업 리더들의 주의를 끌 수밖에 없다. 가장 즉각적인 반응은 비용을 삭감하는 것이었다. 그들은 공장 문을 닫고 노동자들을 해고하고 공급 가격을 깎았다. 그러나 어떤 CEO가 지난 불황 때 표현했듯이, 축소시키는 것으로는 위대한 성과를 이룰 수 없다. 힘든 시기에도 혁신과 성장을 고려하는 것은 매우 중요하다.

자동차 산업은 지난 1, 2년간 무자비한 포격에 멍들었지만, 역사는 과거에 그들이 그러한 역경을 통해 창의적으로 전성기를 맞이했음을 말해준다. 1970년대 미국과 일본의 대기 관리 법규와 하늘 높이 치솟던 유가는 자동차 제조업체들의 삶을 비참하게 몰아갔지만, 혼다는 연비가 낮은 시빅에 사활을 걸었고 엄청난 성공을 거두었다. 1979년에 파산의 위기를 맞이했던 크라이슬러는 미니밴을 출시했고, 그 즉시 매출이 폭주했다. 덕분에 크라이슬러는 당당히 귀환했다. 2010년은 하이브리드와 전기 자동차로 인해 획기적인 돌파구를 마련하는 해가 될 것이다. 엄청난 현금 창고를 마련해둔 기업들의 입장에서 경기 침체는 오히려 확장을 꾀할 수 있는 절호의 기회다. 휘청거리는 경쟁업체를 인수하여 시장 점유율을 늘릴 수 있을지도 모른다.

물론 모든 회사가 혁신이나 확장의 기회를 잡을 수 있는 것은 아니다. 그러나 모든 조직이 어떻게 운영되고 있는지 검토하고 재고해볼 필요는 있다. 최근의 경제 위기가 닥치기 전에도 비즈니스계는 더 적은 것으로 더 많은 것을 제공해야 한다는 압력을 받고 있었다. 이는 곧 회사들이 더 적은 자본과 더 적은 인력, 더 적은 자원으로 더 많은 것을 전달하는 방법을 배워야 한다는 의미다. 효율적이고 효과적인 조직의 실행 능력은 생존뿐만 아니라 성장을 위해 반드시 필요한 핵심 열쇠다. 이는 글로벌 시장에서 경쟁하는 기업에 필요한 것이며, 현재의 첨단 기술은 이를 가능하게 만든다.

좋은 시절이든 나쁜 시절이든, 탁월한 실천 능력은 회사가 갖출 수 있는 가장 강력한 경쟁 우위 중 하나다. 당신의 비즈니스는 독특하고 혁신적인 제품이나 서비스를 가지고 경쟁하지 못할 수도 있다(모든 기업이 애플이 될 수는 없는 노릇이다). 그러나 독특한 운영 모델이 있다면 가능하다. 이 책에 언급된 회사들에서 볼 수 있듯이, 고객들은 약속을 실천할 줄 아는 회사로 돌아오게 마련이다.

그런 이유로 이 시리즈의 다음 책은 어떻게 하면 탁월하게 경영할 수 있는지에 초점을 맞출 것이다. 《아웃스마트》와 《착한 소비자의 탄생》처럼 그 책에도 단순하고 직접적인 제목을 달 예정이다. '딜리버Deliver!' 이것이야말로 성공적인 비즈니스들이 날마다 하는 일이기 때문이다. 좋은 시절이든 나쁜 시절이든 간에 말이다. .

KI신서 2184

착한 소비자의 탄생

1판 1쇄 인쇄 2009년 11월 30일
1판 1쇄 발행 2009년 12월 15일

지은이 제임스 챔피 **옮긴이** 박슬라 **펴낸이** 김영곤 **펴낸곳** (주)북이십일 21세기북스
출판컨텐츠사업본부장 정성진 **경제경영팀장** 김성수
기획편집 박의성 **영업·마케팅** 최창규 김용환 이경희 노진희 김보미 허정민 김현섭
출판등록 2000년 5월 6일 제10-1965호
주소 (우413-756) 경기도 파주시 교하읍 문발리 파주출판단지 518-3
대표전화 031-955-2100 **팩스** 031-955-2151
이메일 book21@book21.co.kr **홈페이지** www.book21.com **커뮤니티** cafe.naver.com/21cbook

값 13,000원
ISBN 978-89-509-2134-7 13320

이 책 내용의 일부 또는 전부를 재사용하려면 반드시 (주)북이십일의 동의를 얻어야 합니다.
잘못 만들어진 책은 구입하신 서점에서 교환해 드립니다.